商品が変わる、企業が変わる!

# 「女性目線」の マーケティング 入門

『プレジデント ウーマン』編集部 編著

プレジデント社

PRESIDENT
WOMAN
Premier

　雑誌「プレジデント ウーマン」は、日本唯一の働く女性向けビジネス教養誌として、2015年に創刊されました。創刊時より自分なりのキャリアをめざして情熱的に働き続ける女性たち、そして日本に女性リーダーを増やすことを応援し、そのためのコンテンツを提供してまいりました。

　そんな中で、20年から働く女性読者と一緒にスタートした、キャリア女性向け商品開発プロジェクト「理想のお仕事シリーズ」が大ヒットし続けています。商品をご購入いただいた皆様からは、「ずっとこんなアイテムが欲しかった」「本当に欲しい商品が市場になかった」という喜びの声をたくさんいただき、日本の商品・サービスに、いかに「女性目線」、特に国を挙げて増やそうとしている「女性管理職」の目線が欠けているかを改めて実感いたしました。

　日本で女性リーダーの数は増えていますが、政府がかつて掲げた目標には程遠く、諸外国のスピードと比較すると、むしろ遅れをとっている状態です。結果、女性向け商品であっても男性管理職が決定権を持つことが多いのです。

　そこで、23年春より、「プレジデント ウーマン」は、女性リーダーの読者の皆様とともに、女性目線のマーケティング、商品開発を本格的に応援していくための本として生まれ変わります。同時に、一緒に開発をしていく、女性役職者・管理職限定の読者コミュニティー「プレジデント ウーマン リーダーズサロン」を発足することとなりました（詳細はP90をご覧ください）。

　今後、増えていくキャリア女性たちは、家族形態のいかんに関わらず、「自分の力で稼いでいく」女性たちです。超少子化の時代においても、可処分所得が高く、購買意欲も旺盛で市場は確実に右肩上がりになっていくでしょう。

　いつか、日本が「女性リーダーが、特別でない社会」に生まれ変わる日まで、ともすれば男性社会の中でかき消されてしまう、働く女性たちのリアルな目線による声やアイディアを、読者とともに世の中に発信していきます。

「女性目線」で、企業と商品、そして世界を変えていきたいと思っています。

2023年4月28日　プレジデント ウーマン編集長　　木下明子

# Contents

# Contents

# 3M DI-NOC™
## Architectural Finishes

# Reimagine spaces with material science + design

You can create a stunning new space quickly, easily, and sustainably or breathe new life into an existing space almost overnight. The non-porous surface of 3M™ DI-NOC™ Architectural Finishes and 3M™ FASARA™ Glass Finishes are not just beautiful but easy to clean and disinfect.

There are no boundaries.
No limits.

Only your imagination.
Create your masterpiece.

## 宮崎裕子さん

### スリーエム ジャパン

### 代表取締役社長

慶應義塾大学法学部卒業後、翌1993年に司法試験合格。法律事務所を経て2004年家族帯同でワシントン大学法科大学院へ留学。知的財産法・政策学コース修了。法律事務所、外資系企業法務を経て17年、法務および知的財産担当のジェネラルカウンセルとしてスリーエム ジャパン入社。21年、代表取締役社長に就任、現在に至る。

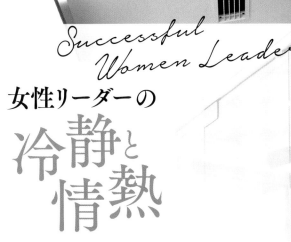

*Successful Women Leaders*

# 女性リーダーの
## 冷静と情熱

有名企業の女性トップの
経営にかける情熱と冷静の
バランスを探る──。

Text＝本庄真穂　Photograph＝大槻純一

# HIROKO MIYAZAKI

## "自分の可能性にフタをしない。
## 理想起点ではなく、
## 自分起点で考え前進──"

スリーエム　ジャパン初の日本人女性社長として
同社代表に就任して2年。当初、自身を「Not the
社長タイプ」と語っていた宮崎裕子さん。2年を
経て、自身が見いだした新たな社長タイプとはど
んなものだろうか──。

## 〝個々の情熱の火を絶やさないよう風を送れば
## イノベーションの炎が燃え上がる──〟

### 冷静と情熱を使いこなす。
### それがリーダーの役割

「『あなたが社長候補に上がっている。ぜひ面接を受けてみないか』。そう言われたときは、心底驚きました。私が思い描く社長像とは、事業経験が豊富な、社歴の長いシニアが、ピラミッドの頂点に堂々と立つ、そんなイメージ。私はそれには当てはまらない。だから『社長になるタイプではない』。率直にそう思ったのです」

宮崎裕子さんのファーストキャリアは弁護士である。数々の案件を担当したのち、米国のロースクールに留学して学びを深め、現地の法律事務所に就職。帰国後は、日本企業にて法務のスペシャリストとして活躍し、スリーエム ジャパンに入社したのは2017年のこと。21年6月、社歴4年目にして、トップに抜擢されたのだ。

「打診された当初は、自分の可能性にフタをしていたんですね。面談の中で『あなたが社長のタイプではないと、誰が決めたの？』と言われて、ハッとしました。自分の勝手な固定観念で、自らを縛っていた。そこには無意識の恐れもあったのだと思います。法務のプロとして築いてきた実績が、社長になることでくずれてしまうのではないか。経験を重ね、過去の成功にとらわれてしまっていたのです」

次なる大きな気づきは、「今の自分を出発点にすればいい」ということだった。理想像と照らし合わせ、ないものを列挙するのではなく、今自分にあるもの、持っているものを分析し、そこを起点とする。まずすべきは、ありのままの自分を生かすこと。ないものは周囲に補ってもらえるよう、働きかければいい。そう自覚してから「社長人生が大きく動き出した」と語る。

「社長になる前となった後で、大きく変わったことはたくさんあります。まず、何か問題が起こったとき、一拍置くことをより意識するようになりました。すると、冷静と情熱のバランスがうまく取れるようになるのです。もちろん社長として情熱に突き動かされますが、大きな組織だけに、ただ突き進むことは危険を伴います。そこで冷静に、第三者的に状況を見渡すと、取り組むべき問題点が明確に見えてくることがある。迅速に動く。しかし飲み込まれない。こうやって冷静と情熱を使いこなし、ガイダンスを与えることがリーダーの役割なのだと実感することが増えました」

そしてスリーエム独自の文化が、宮崎さんをさらに花開かせていく。

「自分のアイディアやネットワークを惜しみなく人に与える。スリーエムにはそういう社風が根付いています。専門分野についてわかりやすくレクチャーしてくれたり、ある課題に対して別の最適な人材を紹介してくれたり。他者に価値を与えることはいいことだ、という"自他共栄"の精神に幾度となく助けられました。これぞイノベーションカンパニーとして成長を続けてきた理由なのだと、感銘を受けたのです」

素晴らしい取り組みをした社員を表彰するほか、感謝の言葉を贈り合うツールも活発に使われている。

「そのとき大切にしているのは、具体的なエピソードをストーリー仕立てにして伝えること。情熱の火が燃えているところに風を送り、さらなるイノベーションの炎を燃やす。それが、私の使命なのです」

## 次世代の女性たちに 理工系分野の選択肢を

スリーエムは、女子学生の理工系分野のリテラシー向上のため、内閣府男女共同参画局が進める「理工チャレンジ(リコチャ

*My relaxing time...*

## 心を落ち着かせる時間

(上から)『Standing at the Edge』『Search Inside Yourself』は折に触れて読み返す愛読書。女子学生に講義を行ったときの感想文は、読むたびに癒やされている。趣味はランニングで社員とともに大会にも出場する。そのための筋トレも欠かさない。リモートワークの合間に、自社の製品を使って掃除。心のリフレッシュになるのだとか。

レ)」に参画している。理系社員が理工分野に進んだきっかけを語ったり、現在の仕事内容を紹介したりするという取り組みだ。また、女子学生のSTEM教育("Science, Technology, Engineering and Mathematics"の教育分野の総称)を促進し、その進路選択を後押しするべく、宮崎さん自身による、学生向けの講義も意欲的に行っている。

## 〝自分は人とどこが違うのか。まずはそこを見つめてみる。違う個性をもつ者同士がつながることで、大きな力になる〟

「講義では、わが社の製品を例に話をすることもあります。例えばこのスポンジは、研磨材と不織布と接着剤の３つが組み合わさって力を発揮している。自分は研磨材になれなくても不織布として存在すればいいし、接着剤のように人と人をつなぐ特徴も価値があるはず。だから自分は何ができるのか、隣の人とどう違うのか、今はそこをよく見つめるといい。違う個性をもつ者同士がつながることで、他者のために大きな力になるのだ、と。ポスト・イット®ノートの開発ストーリーも同様です。強力な接着剤としては失敗作だったものが、剥がれやすく、再びくっつくという特徴を生かして、スリーエムを代表する製品になった。失敗して落ち込むことがあっても、時が経てば何かの役に立つこともある。だから失敗を恐れないで。そんなことを伝えるのです」

## 「あなたがやりたいなら、やろう」。そう言われる人になりたい

宮崎さんは自分の強みについて、法務のプロとして培った「視点を自在に変えて、物事を第三者的に見ることのできる力。さらにロジックを積み立てる力」と分析する。一方、その強みは弱みに翻ることもあり、

「客観的視点とロジックが過剰になると、当事者としての情熱が足りないと思われる」ことも自覚している。

「ただ、企業のトップに立つ者として、強み弱みを把握することは大前提。それを状況により、また一緒に働く人に応じて、どう使いこなすかが最重要。情熱や共感を示すことは大切ですが、今の立場はそれをコントロールする責務がある。以前とは違う、高い次元に立っていると感じています」

ビジネスの価値観が多様化している今、100人いれば100通りの経営アプローチが語られる時代になった。世界が変革期を迎えるなか、宮崎さんが社長となって３年目に突入しようとしている。さて、自身がイメージする理想のリーダー像は、就任時からどう変わったのだろうか。

「『あなたがやりたいなら、やろう』。そう言ってもらえる人になりたいんです。そのためには私自身、もっともっと人間力を磨く必要があります。ただ、自分ではない素晴らしい人を見て『私にはまだ足りない』と悲観するのではなく、まず今の自分を素直に認めて、そこを起点に高みをめざしたい。ありのままを生きる。それが私のビジネススタイルなのだと考えています」 ⬛ｗ

*Successful Women Leaders*

# 女性リーダーの
# 冷静と情熱

Text＝本庄真穂　Photograph＝大槻純一

# KIMIYO
# YAMAZAKI

〝失敗しても継続を選ぶ。
美しさの革命を引き起こすため、
チャレンジし続ける〟

私たちのライフスタイルに、少しずつ
浸透してきた「美容機器」。なかでも
ユニークかつ高い機能性で話題を呼ん
でいるのが「ヤーマン」の製品だ。
「グローバルブランドとして世界を舞
台に戦いたい」と語るのは、社長に就
任し、24年を迎えた山﨑貴三代さん。
ヤーマンの独創的な製品はいかにして
生まれるのか──。

# 山﨑貴三代さん
## ヤーマン 代表取締役社長

大学卒業後、1983年、ヤーマン入社。マーケティング部門、海外事業部門の責任者を経て99年に代表取締役社長に就任、現在に至る。2004年にミネラルファンデーションを発表し一大ブームを巻き起こし、06年に発表したプラチナゲルマローラーは200万台超出荷の大ヒット商品に。世界で「美容機器のヤーマン」という揺るぎない地位を創出し、牽引し続けている。

# 〝仕事を「自分ごと化」する。社長目線で取り組む。そうすることで、自分の価値が明確になる〟

## 松明は自分の手で持つ。そういう働き方が私らしい

美容業界に「美容機器」という新カテゴリーが生まれて、久しく時が経つ。続々とヒット商品が誕生するなか、その勢いを牽引するのが、ヤーマンだ。代表取締役社長を務めるのは、山﨑貴三代さん。1999年、38歳の若さでトップに就任し、2009年にJASDAQ上場を果たす。東証二部、一部を経て、22年には東証プライムに移行。その上昇気流はやむことなく、今も画期的な製品を世に送り出し続けている。

「私が入社したときは、男性と同じ条件、賃金で働くのは難しい時代でした。ただヤーマンは当時から給与も仕事も男女平等という珍しい会社。『うちは大企業ではないから余裕がない。女性も同じように働いてもらいたい』。そう言われたことを覚えています。そんな環境で働くうちに感じ始めたのが『どうやら私は、目の前の仕事を〝自分ごと化〟して向き合わないと、気が済まない性格だ』という、自身の特性でした」

人から言われたようにやることは得意ではない。周囲はどうしているか、会社はどう考えているかよりも、自分はこの案件をどうドライブしたいのか。そこを創造的に動かしていくことが何より楽しい。となると、自分が決定権、裁量権をもつことが重要になる。そうやって経験を重ね、ステップを上がるうち、社長というポジションを得て、さらなる自立の道を歩んでいった。

「思い返してみると、社長就任時よりも上場したときのほうが責務を感じました。今後の成長ストーリーを明確に描き、説明し、責任を取る。独善的にならず、見られている意識をもって経営に臨む。そのことに大きな意義と責任を感じたのです。どちらにしろ私は『松明は自分の手で持つ』。そう生きる人間なのだと感じています」

山﨑さんは、「ヤーマンは、日本発のグローバルブランドになる」とつねづね発信している。その言葉どおり、15年に発売した美顔器「フォトプラス」に代表されるRF（ラジオ波）美容機器は、海外の需要も大きく取り込み、累計400万台以上のメガヒットアイテムとなった。国内だけでなく、アジアパシフィック圏での売り上げを大きく伸ばし続けている。

「1990年代に世界を巡って仕事をしたことは、今の自分の血肉になっていると実感しています。その昔に読んだ沢木耕太郎さ

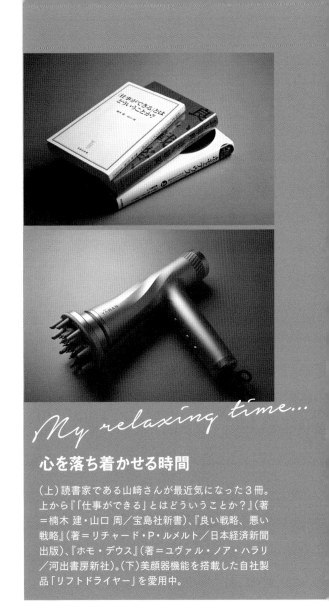

My relaxing time...

**心を落ち着かせる時間**

（上）読書家である山崎さんが最近気になった3冊。上から『「仕事ができる」とはどういうことか？』（著＝楠木 建・山口 周／宝島社新書）、『良い戦略、悪い戦略』（著＝リチャード・P・ルメルト／日本経済新聞出版）、『ホモ・デウス』（著＝ユヴァル・ノア・ハラリ／河出書房新社）。（下）美顔器機能を搭載した自社製品「リフトドライヤー」を愛用中。

んの名著『深夜特急』の中に『Breeze is nice.』という表現がありました。異国の町で心地よい風に吹かれたとき、深く息がつけることってありますよね。私はその感覚をよく思い出します。特に今、日本には閉塞感が漂っていますが、そこに留まっているわけにはいかない。世界は広いほうがやりがいがあります。私はグローバルに戦えるブランドを確立したいのです」

## 「やり切る」ことでしか
## 見えないものがある

「YA-MAN」を携え、世界へ――。その価値創造の源には、どんな思考法があるのだろうか。

「よく視野を広げるためにはどうしたらいいかという質問を受けることがありますが、このように考えてみるのはどうでしょう。『自分が社長ならどうするか』。主任なら課長の、課長なら部長の立場で、一段上から考えてみる、などといわれますが、究極のところ、自分が社長のつもりで取り組んでみるといいと思うのです。誰かの意見に頼るのではなく、まず徹底的に自分で考える。そうすれば世界を広く見渡さざるをえないだろうし、さらに自分に何ができるのか、強み弱みを含めて、自身の価値そのものが明確になると思うのです」

時代が激変し、生き方、働き方が多様化している今、自分の価値を見極め、かつ高めることは、ビジネスパーソンの最重要課題と言える。ただ、その価値に自信をもてずにいる人が多いのが現状だろう。

「大切なのは、やり切ること。成功しても失敗しても、とにかくやり切る。すると、できることとできないことが浮き彫りにな

## 〝「これが欲しかったのでは？」と、世の中に問う。私たちは市場そのものをつくっているという自負があります〞

ります。価値ってそんなに立派なことじゃなくていい。小さな枠の小さな業務でいい。それを積み重ねたものが、あなただけの武器になるのだと思うのです」

### 市場調査からは
### ヒット商品は生まれない

ヤーマンの商品は、よく"画期的"と評される。数々のヒットアイテムを生み出す、そのアイディアはどう生まれるのだろう。

「技術に裏付けされた、効果を実感いただける製品をどれだけ出せるか。それがすべてです。だから、商品数が多いといわれますが、それが勝負なのだからあたり前のこと。ただ、どういう発想でそれらが生まれるのか。これは市場調査からは出てこないと思っています。私たちの場合は、とにかく"思い"ありき。こんな悩みをもつ人に、こんなふうに使ってもらいたい。その思いなくして、製品は生まれません。『こんなものが欲しかったのではないですか？』と、ひとつひとつ世の中に問う。それが私たちの役割。だからヤーマンは、市場そのものをつくっているという自負があるのです」

たとえば2018年に発売された「メディリフト」。現代人の多忙なライフスタイルに応える、ハンズフリー美顔器という形状が話題を呼び、爆発的ヒットとなった。まだ顕在化されていない消費者の思いをすくい取り、次々と商品化する。そのためにはアイディアだけでなく、スピードも必要だ。その背景には、ヤーマン独自のあるプラットフォームがあった。

「それが22年に発足した『表情筋研究所』ラボを拠点とする研究開発体制です。製品は、企画、デザインはもちろん、電気設計、ソフト開発、さらに効果検証まで、多くの手が必要。それらすべてが１カ所に集まっていて、一連の流れとして進められるから、製品が早くできる。これまでずっとやってきたスタイルではありますが、あらためて整えたのです」

23年５月に45周年を迎えるヤーマン。企業スローガンに「美しくを、変えていく。」を掲げている。

「私たちは美容機器をライフスタイルの習慣として根付かせたいと思っています。顔を洗わない人はいないけれど、わが社の製品を使ったことがない人はたくさんいます。ヤーマンはまだまだ成長途中。これからも最先端テクノロジーと常識を変えるアイディアで、夢と驚きを届けていきます」　w

# 2週間で売り上
# 大ヒット商品

# げ1000万円超え！開発ストーリー

"入れても、出しても美しい！
キャンバストート＆高機能PCケース"

PCケース背面にはスマホなども入るポケット付き。社内移動時にはPCもスマホも書類も1つにまとまり、行動がスマートに。

…動日には、キャン
…バッグで、気分もボディ
…ス。働く女性ととことん追求
…機能性バツグンの同素材のPCケース
…は、コラボでしか手に入らないアイテム。
細部にまでこだわり誕生した、トートバッグとPCケースのセットです。

# 女性たちの真のニーズを満たす

Successful Stories on
Targeting Business Women
Consumers

キャリア女性の多くは、ビジネスシーンで使うモノに対して強いこだわりを持つ──。特に、人の目に触れやすい、洋服やバッグ、靴などはとことん探して逸品を選ぶことも多い。なぜなら、それらが自身の信頼感を左右することを彼女たちは知っているから。そして、ポジションが上がるほど「所属する組織や企業のイメージ」を大切にしながらチョイスしなければならないことも──。

第一印象は「見た目が9割」。見た目は、その人自身の印象

# 物語がここに──。

や仕事の成果に大きく影響する。キャリア女性にとって身につけるモノは"名刺"代わりでもあるからこそ、何を選び取るかが重要なポイント。見るからに安っぽい素材、清潔感の欠如したものは、当然ながらポジションやシーンに照らし合わせればビジネスにはそぐわない。単にハイブランドや、高級であればいいわけでもない。良き相棒のように自身をさりげなくサポートし、かつ会社のイメージもアップしてくれるモノがあったら──。「欲しいのは、デザインと機能を併せ持つモノ」

キャリア女性の「真のニーズ」に応え、こだわり抜いてつくり上げたモノたち。"女性目線"をベースに、伝統と技術を継承しつつ時代に合わせて完成させたもの、経験をもとに女性たちの心情に寄り添ったもの、そのすべては、デザイン美と機能美を両立している優れもの。開発の裏側には、それぞれのつくり手の熱い物語があった──。

欲しかったのは、エレガンス＆高機能

〝女性らしさ〟を追求。
キャリア女性こそ選ぶべき
「戦闘服」ではないスーツの全貌

×

Paul Stuart

ポジションが上がるほど
ジャケットやスーツの着用が
マストになるキャリア女性たち。
彼女たちが求めていたのは、
男性中心の社会の中で日々闘うための
「戦闘服」としての
スーツではなかった——。

コラボジャケット［PW］5万9400円、コラボ
パンツ3万6300円（いずれも税込み）／いず
れもポール・スチュアート ※その他すべて
ポール・スチュアート。

「プレジデント ウーマン プレミア」2022年秋号掲載

## 〝時代とともに進化はしても、トレンドに左右されないコンテンポラリー・クラシックなスタイルを追求〟

### キャリアを重ねるほど
### ジャケットやスーツがマストに

　創刊以来、「プレジデント ウーマン」編集部が重ねてきた女性たちへの取材とアンケート調査によると、キャリア女性とスーツやジャケットは、切っても切れない関係にあることがわかっている。ポジションが上がるほど、人と対面する機会が増える。そんなときに何を着るべきか──。ビジネスファッションにもカジュアル化の波が押し寄せたとはいえ、「キャリアを重ねるほど、スーツやジャケットはマスト」だと彼女たちは口をそろえる。しかし、「似合うスーツ、欲しいスーツが見つからない」と多くの女性たちが悩んでいた。

　「ないならばつくってしまおう」。編集部がめざしたのは「デザイン性と機能性を両立するスーツ」。実現するにはブランド選びがもっとも重要となる。そこで白羽の矢を立てたのが、1938年に米国で誕生した「Paul Stuart（ポール・スチュアート）」だ。

### テーラリングの精神を継承。
### 男性スーツの機能をウィメンズにも

　「ブランド誕生以来『ポール・スチュアー

ト』は、流行やトレンドに左右されず、着る方のスタイルに合わせた提案を大切にしています」と語るのは、三陽商会「ポール・スチュアート」婦人服企画課長の石田和孝さんだ。同社は1991年以来、「ポール・スチュアート」ブランドのメンズ、ウィメンズの日本展開を担っている。2017年には、キャリア女性をターゲットにした「ファーストシリーズ」を発表し、スーツをはじめ働く女性に寄り添うアイテムを提供している。

　「コンセプトは、時代に合わせて進化する〝コンテンポラリー・クラシック〟。トレンドに流されない上質でスタイリッシュかつ、機能性の高さが特徴です。今回のコラボレーションでは、男性が気づきにくいリアルな視点に驚かされました」（石田さん）

Text＝戌友真美　Photograph＝水田 学（モデル）、小林久井（近藤スタジオ／P23〜25、27左）
Styling＝坂本陽子　Hair&Make-up＝塩田勝樹（Sui）　Model＝竹厚 綾

1

腰まわりの悩みをカバーする、コラボパンツ
[PW] 3万6300円／ポール・スチュアート

重ねバックベンツ仕様の、コラボスカート
[PW] 3万3000円／ポール・スチュアート

2

3

4

# 〝かゆいところに手が届く、機能満載！働く女性のジャケットのスタンダードがここに〟

顔まわりを明るく華やかに演出する、オフベージュとブルーグレーの2色。各色ジャケット、パンツ、スカートでの展開。コラボジャケット［PW］5万9400円／ポール・スチュアート

1.ボディーラインを拾いにくい絶妙なカッティングで、着用時の美しいシルエットが完成。2.袖口はターンアップも可能なデザイン。3.4.ウエスト部のサテン地切り替え。ジャケット裏側の仕上げにも同様にサテンパイピングが施されている。5.ジャケットの内ポケット。スマホを入れても型くずれしないD管止め＆ファスナーを採用。6.胸ポケットには、レースチーフを標準装備。引き出して華やかに、しまえばノーマルにと印象が自在に変化。

5 6

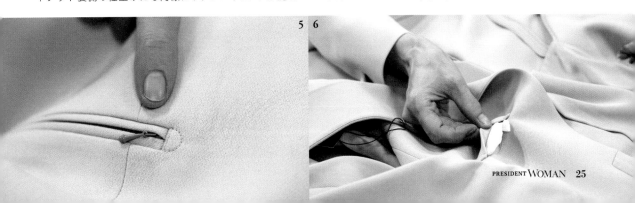

# "男性では気づきにくい視点を取り入れることで、よりニーズに合ったモノづくりが可能に"

メンズのテーラリングで培った確かな技術を誇るブランドだからこそ、キャリア女性たちが本当に必要とする機能を存分に盛り込んだスーツ［PW（ピーダブリュ）］が完成した。

## デザインから素材まで追求したのは "女性らしさ" と "着心地"

キャリア女性向けスーツ（ジャケット）に必要なのは「動きやすさ」と「見え方」だと語るのは「ポール・スチュアート」ウィメンズのチーフデザイナー、里岡さおりさん。「ジャケットを着たときの腕の可動性は着心地にも影響するため重要です。また、着用時の "見え方" を気にする方が多いので体形をカバーする力も必要」（里岡さん）

メンズジャケットの仕様を多用しながらもウエストをシェイプさせ、女性らしさを演出。体形が気にならず、さらにスカートやパンツにもキレイに合う絶妙な丈感をめざした。また表には見えない細かい部分にも縫製職人泣かせの緻密かつさまざまな工夫が取り入れられている。

講演会や立食の会合のときにあると便利なジャケット内側のポケットも、リアルな声から採用した機能のひとつ。

「モノの重みでポケットの口がだれないよう、両端にはメンズの仕立てで使われるD管止めを施し、さらに軽いファスナーを使用することで、重量のあるスマホを入れても型くずれしません」(里岡さん)

　ベーシックなオフベージュに加え、ポール・スチュアートでは"初"ともいえるブルーグレーも投入。発表からたちまち人気に火が付き、売り切れ店が続出。「これまでのスーツにない色みが登場してうれしい。ひと目で気に入り購入した」という女性も。

　こうした女性たちのリアルな声に石田さんは、「ブランド側、男性側の先入観を捨て、今後も現代のビジネスウーマンのニーズに応えていきたい」と熱く語った。 w

三陽商会
「ポール・スチュアート」婦人服企画課チーム
編集部のわがままな要望をとことん議論しカタチに。「長年メンズで培った"テーラリング"の精神と技術をウィメンズにも取り入れて、女性用ジャケットをより機能的で着心地のよいものにするのが使命です」(石田さん)

(P26、27)コラボジャケット[PW]5万9400円／ポール・スチュアート ※その他すべてポール・スチュアート。

コンパクトなのに高機能！

# 中途半端な季節に 欲しかったのは、 安っぽく見えない ″ライト″なコート

×

## SOÉJU

春先や秋口は、気温の変化も激しい季節だからこそ、
パッカブルな羽織物を準備して、
急な冷気に備えておきたい。
けれど安っぽいナイロン製は役職にそぐわない──。
キャリア女性たちの「欲しい」に応えた、
高級素材なのに軽くてコンパクトなコートに
込められた思いとは──。

コラボコート3万6300円（税込み）／ソー
ジュ（プレジデント ウーマン ストア）※
その他はP32参照。

## 〝流行や年齢にとらわれず、ライフスタイルの「基(ベース)」となる装いを届けたい〟

「ライフスタイルの『基(ベース)』になる装いをお届けしたい」

そんなコンセプトを掲げるブランドがある。自社製品ブランドの設立からわずか5年という「SOÉJU(ソージュ)」がそれだ。上質な素材でつくられたシンプルなアイテムは着回ししやすく、今や働く女性に寄り添うブランドとして広く認知されている。

### 意見交換を重ねて完成した
### 軽くて印象自在のライトコート

「『ソージュ』は、私自身が抱えていたファッションの悩みをベースに、働く女性たちのために立ち上げたブランドです」と語るのは、代表の市原明日香さん。大手コンサルタント会社勤務から、世界的ファッション企業のCRM(カスタマーリレーションマーケティング)担当として転職した当初、社員のファッションが企業イメージを左右することを、身をもって知ったという。

「私自身はおしゃれ度が高くありません。だからこそ私のように毎日何を着ていいのかわからない方、日々忙しい方でも簡単にコーディネートできる服、しかも自分のポジションや企業のイメージを壊さないような上質さが必要だと痛感しました」(市原さ

ん)。こうした考えを持つブランドだからこそコラボレーションが実現した。

編集部が商品開発を進める背景には、働く女性たちの切実な悩みがある。2020年のコラボプロジェクトのスタート以来、「端境期や梅雨寒の時季に羽織るものが見つからない」「おしゃれなレインコートが見つからない」という声が多数上がっていた。ソージュで毎年投入しているパッカブルコートはブランドの定番人気アイテム。これをベースに雨の日でも安心して着られるよう、コラボレーションならではの機能を盛り込みながら、1年がかりで開発したのが、「パッカブル ライトコート[PW(ピーダブリュ)]」だ。

「開発中はさまざまな議論を重ね、非常に楽しく進められました。キャリア女性のリアルな声をもとに製品開発に妥協を許さな

Text=戌亥真美　Photograph=ササキヨシヒロ(モデル)、小林久井(近藤スタジオ／P29、30下、31)
Styling=佐藤佳菜子　Hair&Make-up=塩田勝樹(Sui)　Model=渡辺佳子

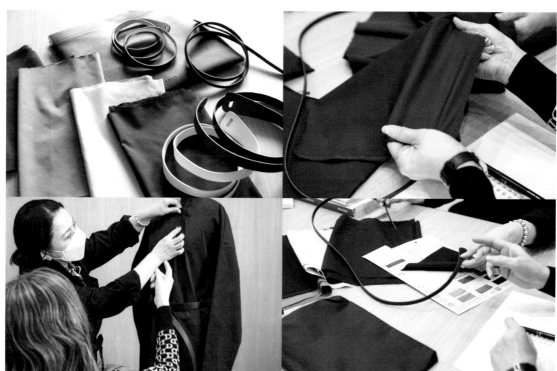

生地の色選びからストレッチ性のチェック、ベルトの太さ・長さに至るまで意見交換をしながらアイディアを詰めていく。襟元のボタンの追加は、位置、バランスも含めて、ブランド、編集部ともに妥協を許さないポイントだ。

# "バッグに入って、さっと羽織れる、高級素材なのに手軽なライトコート誕生"

65％自然由来原料のヴィーガンレザーベルトを標準装備。ウエストマークしてより女性らしさを強調することも可能。

襟元は2way仕様。襟を立てて前を留めれば、冷気をシャットアウト。スカーフも巻きやすく、スタイリッシュな着こなしが可能。

シルエットはコクーンシルエット。ジャケットの上からも着られるよう、アームホールはゆったりめに。

B5サイズのポーチ付き。コートを小さく折りたたみ、ベルトと共にポーチにイン。シワにならず、通勤バッグに入れて持ち運べるので、急な雨や冷え込みにも安心。

SOÉJU

コラボコート 3万6300円／ソージュ
（プレジデント ウーマン ストア）
ジャケット 2万5300円、カットソー
8800円、パンツ 1万6500円／すべて
ソージュ オンラインストア（ソージュ）
ピアス 5万1700円、リング36万3000
円／いずれもマリハ　バッグ 5万2800
円／ヴァジックジャパン（ヴァジック）
靴 4万4000円／ザ・グランドインク
（ロランス）
※表示価格は、すべて税込みです。

## "キャリア女性の期待に応えながら、いつでも気分の上がる一枚をめざして"

い姿勢は、さすが『プレジデント ウーマン』だ、と感心しました」と語るのは、ソージュ商品部の高野奈津子さん。編集部からの無理難題をとことん解決してくれた立役者でもある。

コラボオリジナルで追加した機能は3つ。まず、コートの前がはだけて雨風で服がびしょ濡れになるという悩みには、もとのシルエットを壊さないように1つボタンを4つボタンに変更して対処。2つめは、胸元に冷気が入らないよう、襟元に小ボタンを追加。開閉可能な2way仕様にした。通常のテーラードタイプの襟をトレンチ仕様に変えるのは簡単なことではない。

「襟元のボタンはお顔に近く印象に大きく影響するため、位置や素材には細心の注意を払いました」(高野さん)。3つめは、ウエストマークできるようベルトを付属し、ベルト通しも追加した。

「流行りのダボッとしたコートは、ビジネスシーンでは浮いてしまう」というように、大きめシルエットはビジネスでは敬遠されがち。ウエストマークすることで、女性らしいラインを強調しながらも、よりきちんと感を演出できる仕様にした。

ソージュのこだわりは、素材選びにも。

「採用したイタリアのリモンタ社製の上質な生地は、ストレッチ感と上品な光沢感が特徴。深いネイビーの色みは、ブラックと見紛うほどの重厚さがあります。ビジネスやフォーマルの場でも自信を持って着ていただける高級感があります」(高野さん)

今よりハイポジションをめざす女性たちは、自身の印象管理の観点からも、素材へのこだわりは強い。

### こだわりの素材と深い色み。ドレスコートのような一枚に

「実用性に加え、ドレスコートのように"気分が上がる"ようにと、思いを込めて仕上げました。機能的な一枚としてぜひワードローブに加えていただければ」(市原さん)

自分らしさを知り、大切にする女性に贈る「基(ベース)」となる一枚だ。

SOÉJU(ソージュ)代表
**市原明日香**さん

いちはらあすか●理想の一枚をめざして、素材選びからデザインバランスまで細部にわたりこだわり抜いた。「シンプルで上質な素材で仕上げたコートは、どんな服にも合わせやすいのが特徴。軽くてバッグにも入るのでビジネスのお供にぜひ加えてみてください」

走れる、長く歩ける、痛くない

# スニーカーとパンプスの<br>いいとこどり！<br>働く女性のための<br>究極のシューズ誕生！

×

## MODE ET JACOMO

パンプスは履きたいけれど、足が痛くなるし、長時間履いて歩けない。

ビジネスでも使えるもっと快適でおしゃれな靴があるといいのに——。

そんな女性たちの声に応えて誕生した、究極のコンフォートシューズ。

スニーカーでもない、パンプスでもない、

軽くてラクチンなコラボシューズの全貌を解説！

Text＝東野りか　Photograph＝浅井佳代子（P34、38）、小林久井（近藤スタジオ／P36、37）、田子芙蓉（P35、36左、39）

## "ビジネスシーンでスポーティーな
## スニーカーは履けない。でも快適な靴が欲しい"

「おしゃれは足元から」とはよく耳にする言葉だ。たとえば、とてもハンサムでスタイリッシュな男性が、くたびれたボロボロの靴を履いていたら、急に野暮ったく見えてしまう。靴はファッション面でとても重要だが、家で靴を脱ぐ習慣がある日本人においては優先順位が低い傾向にある。しかもここ数年はコロナ禍で外出する機会がめっきり減り、リモートワークが増えた。つい"スニーカー一択"の生活を送った人も多いのではないだろうか。

しかし、オン・オフともに人と会うことが再開された。「またパンプスを履いてエレガントな装いをしたい」「しかも長く履いても疲れないならもっといい」という願いを、「プレジデントウーマン」と「MODE ET JACOMO（モード・エ・ジャコモ）」のコラボレーションでかなえた。それが、スニーカーの機能性と、パンプスのファッショ

ショールームに並ぶ「MODE ET JACOMO」23S/Sの一部。

ナブルさという、両方のいいとこどりで完成した"究極のシューズ"だ。靴は冒頭のようにおしゃれのマストアイテムだが、同時に人間の健康を守るもの。足に負担をかけて体を痛めるような靴はNGである。

### ラクちんだけでは後ろめたい。
### 品のある"装い感"が大事

1975年に誕生したシューズブランド「モード・エ・ジャコモ」は、大人の女性向けのハイクリエーションブランド。当初よりモードな靴を提案し続けているが、今回は機能面を重視してリラックスできる靴を制作。そこで同ブランドを展開するオギツの担当デザイナー千藤寿美恵さんに、コラボシューズの特徴を教えてもらった。

「なんといってもヒール部分が大きな特徴です。スニーカーのようなアウトソールをつけ、土踏まずのアーチにフィットする部分が盛り上がっているので、実寸は5cmですが履いた感覚としては4cmほどの高さを実現しました。前から見るとパンプスの外見なのに、後ろ姿はスポーティーなスニーカー。あまりコンフォートシューズに寄せてしまうと、ラクな要素ばかりに引っ張られている後ろめたさがあるので、それを

コラボパンツ［PW］3万6300円（税込み）／ポール・スチュアート

# "履いていることを忘れるほどの軽さ。
# ヒールアップできちんと感もプラス、なのに疲れない!"

開発段階のデザイン画や素材の色見本など。さまざまな意見を交わしつつ絞り込んだ。

疲れない靴を選ぶならスニーカーがいちばん。でも「ビジネスシーンではちょっと……」。そんな悩みへの答えが、この「コラボシューズ」。見た目はウェッジソールのパンプスだから、ビジネスにも対応できて、スニーカーのように歩きやすくて疲れない。まさに働く女性のためのシューズが誕生! 突然の雨にも安心な晴雨兼用のスエード調生地を採用。ファッションに合わせて、オールタイム＆オールシーズン着用可能。

スクエアトゥのデザインで、大人の雰囲気とエレガントさを演出。

ホワイトソールの1stサンプルから、よりフォーマル感をプラスした色みに変更。

その日の気分で足元の表情を変えられる、クリップ式シューズアクセサリー付き。カジュアルにもビジネスにも。

超軽量を実現したウレタンソール。傾斜角度を追求し、やや内側に入る形状にしてエレガントさを引き出した。

内側には汗を吸収する機能性生地を採用。履き口部分がゴム加工してありフィット感もアップ！

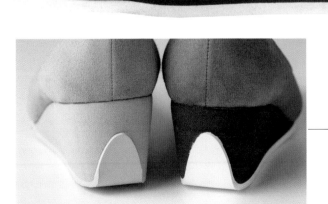

ソールを巻き込むデザインで、スポーティーさと遊び心を演出。パンプスの堅苦しさを和らげる役目も。

PRESIDENT WOMAN×MODE ET JACOMOのコラボシューズは、2023年4月末日より購入予約開始予定。販売予定価格2万9700円（税込み）。詳細は「プレジデント ウーマン ストア」でご案内します。

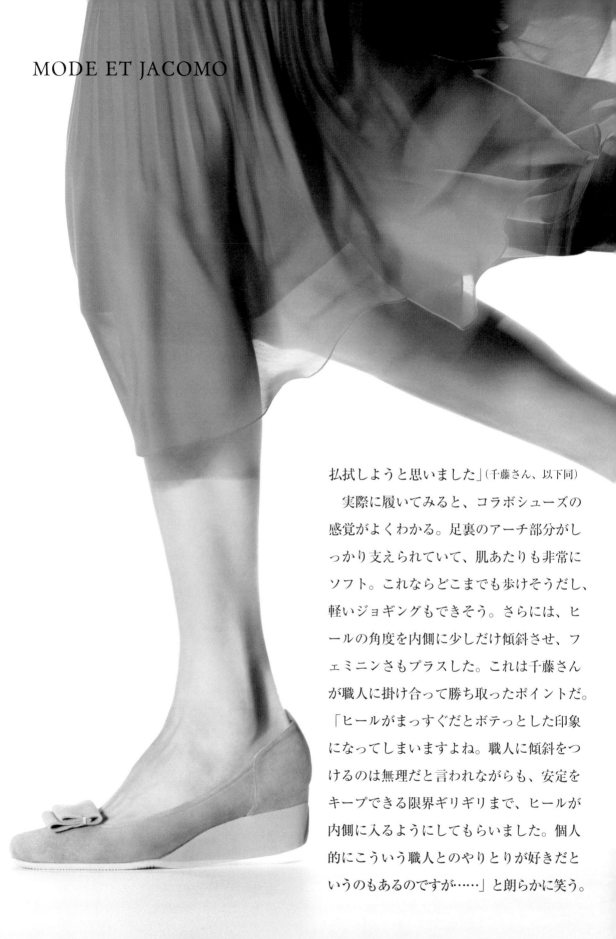

払拭しようと思いました」（千藤さん、以下同）

　実際に履いてみると、コラボシューズの感覚がよくわかる。足裏のアーチ部分がしっかり支えられていて、肌あたりも非常にソフト。これならどこまでも歩けそうだし、軽いジョギングもできそう。さらには、ヒールの角度を内側に少しだけ傾斜させ、フェミニンさもプラスした。これは千藤さんが職人に掛け合って勝ち取ったポイントだ。「ヒールがまっすぐだとボテっとした印象になってしまいますよね。職人に傾斜をつけるのは無理だと言われながらも、安定をキープできる限界ギリギリまで、ヒールが内側に入るようにしてもらいました。個人的にこういう職人とのやりとりが好きだというのもあるのですが……」と朗らかに笑う。

## "独自技術を駆使して、快適さをとことん追求。キャリア女性でも躊躇なく履ける、パンプスのようなスニーカーです"

快適だけど、足がキレイに見えるような工夫がたくさん。つま先がとがったポインテッドトゥは足がスッキリと見えるが、長く履いていると痛い。かといって丸いラウンドトゥでは子どもっぽい印象になる。そこで中間のスクエアトゥにして、スマートでクラシックなフォルムに決定した。さらにはクリップ式で付け外しができるシューズアクセサリーを付属品にしたのは「装い感をアップさせたかったから」。TPOに応じて自在に見た目を変えられ、1つの靴で2パターン楽しめてお得だ。肝心のカラー展開はグレーとベージュの2色。靴本体に発色にすぐれたスエード調の生地を使っているので、柔らかで微妙な色合いも再現できた。ピンク寄りのベージュは肌色との相性が良く美肌効果と脚長効果があり、軽やか。一方のグレーはどんな色の洋服にも合わせやすいし、足元がシュッと引き締まって見えるというメリットが。さらに「靴の内側は吸湿性のあるスポンジを使って足のムレを防いだり、ストッキングをはいたときも滑りにくくした

り、とにかく細かい部分までこだわりました」と次々にコラボシューズの魅力を挙げる。同社は国内に自社工場があり、数え切れないほどの靴の木型を持つ。そして長年蓄積した技術力があるからこそ実現できた。

ところで千藤さんは"靴オタク"。なぜここまで靴に魅せられたのだろう？

「靴はパーツがたくさんあって、足を守るためにいろんな制約があるので、一筋縄ではいきません。しかも年々進化しているから、どこまで学んでも終わりがないのです。そこが私のオタク心をくすぐるポイントなのでしょう」

千藤さんのデザイン画はすべて手描き。驚くことに何かを下敷きにしてトレースしたかのような正確な線をフリーハンドで描く。美も実用面もとことん追求し、活躍する女性を応援してくれる尊敬すべきオタクなのだ。🅦

オギツ
営業本部　ブランド事業部
MD／デザイン　デザイナー
## 千藤寿美恵さん

せんとうすみえ ●日本大学芸術学部卒業。フリーランスを経て、オギツの靴デザイナーに。「プライベートでも靴の絵ばかり描いています。自分がデザインした靴を見かけると思わず、声をかけてしまうことも」

**PRESIDENT WOMAN**
*Collaboration Story 4*

働く女性の気持ちを
とことん追求

# ミニマルデザインなのに使いやすい
# PCケース付きトートバッグ

×

# FEEL AND TASTE

オフィスシーンを彩る、デザインと機能が両立した「PCケース」が欲しい。

そんな働く女性たちの声をカタチにしたのが、

オリジナルバッグブランド「FEEL AND TASTE（フィールアンドテイスト）」を

展開する、ソラスタイルズの安東聡さんだ。

コラボ企画で唯一の男性デザイナーによる製品が完成。そのこだわりの全貌を解き明かす。

## ″スエード調生地を貼り合わせることで型くずれしにくく、軽量化も可能に″

働く女性のマストアイテムのひとつといえば、たくさんのモノが整理・収納でき、見た目もファッショナブルなトートバッグだ。大容量のバッグのデザインを得意とする「FEEL AND TASTE（フィールアンドテイスト）」のデザイナー・安東聡さんが「プレジデント ウーマン」とコラボして誕生させたのは、同じ素材、同じ色のPCケースが付いたトートバッグだ。共布のポーチが付属のバッグはよく見かけるが、PCケース付きでスグレモノを探すのは意外に難しい。

まずは、バッグの中にPCケースを入れて持ち運んでも重くないように、本体を軽くしないといけないし、重量に耐えられるようストラップも強くしなくてはならない。キャンバス地でもカジュアルすぎず、ビジネスシーンにもOKなフォルム……という条件が、安東さんの前に立ちはだかった。「プレジデント ウーマン」のこんな″欲張り″とも言えるニーズに、何度も試行錯誤を繰り返して、逸品を生み出したのだ。

何しろ、安東さんは妥協とは無縁のこだわり派。「神は細部に宿る」（細かな部分にもこだわりを貫くことが、作品の本質を決めるという意味）という言葉を想起させるほどで、これは彼のモノづくりの精神を表しているといえる。

例えばどのような点だろうか？

「トートバッグもPCケースもマイクロファイバー製のスエード調生地をキャンバス地に貼り合わせて、芯地代わりにしました。これなら裏地を貼らなくていいので軽いし、バッグが型くずれしにくい。さらにはスエード調が醸し出す、そこはかとない品の良さも期待できます」（安東さん、以下同）

## 仕事用バッグに求められるのはシンプル＆エレガンス

しかし、他社では普段使いのバッグづくりのプロセスにはあまり使われない手法だ。というのもコストがかかりすぎて、バッグの価格が跳ね上がってしまうのだそう。

ソラスタイルズ代表
兼「FEEL AND TASTE」
デザイナー
### 安東 聡さん

あんどうさとし●武蔵野美術大学造形学部卒業。ソラスタイルズを設立し、ブランド企画・デザイン、衣装制作、スタイリングなどを中心に活動。「モノづくりが大好きです」

コラボジャケット［PW］5万9400円、コラボパンツ［PW］3万6300円、ネックレス1万6500円／すべてボール・スチュアート　ブラウス1万4300円／ソージュ　コラボトートバッグ（PCケース付）4万6200円（予価※2023年7月発売開始予定）／プレジデント ウーマン ストア　靴2万2000円／銀座かねまつ（銀座かねまつ6丁目本店）※すべて税込み

Text＝東野りか　Photograph＝ササキヨシヒロ（モデル）、小林久井（静物　近藤スタジオ）、田子芙蓉（P41、P44上）
Styling＝坂本陽子　Hair & Make-up＝塩田勝樹（Sui）　Model＝伽奈

内側には文庫本も入る
ポケットが。写真はコ
ラボオリジナルPCケー
スも入れた状態。

ブラック系の内側はスエード
調のブラック。

底面は、本革仕様。床置き
した際の汚れが拭き取りや
すい。肩掛けしたときに脇
部がもたつかないよう上部
にいくほどスッキリタイト
なフォルムに。

ベージュ系の内側はス
エード調のグレージュ。

# 〝入れても、出しても美しい！
軽量キャンバストート＆高機能PCケース〟

ビジネスカジュアルな通勤日には、キャンバス生地のトートバッグで、気分もリラックス。働く女性たちととことん追求した機能性バツグンの同素材のPCケースは、コラボ品でしか手に入らないアイテム。細部にまでこだわり誕生した、トートバッグとPCケースのセット（全2色）。

PCケース背面にはスマホなども入るポケット付き。社内移動時にはPCもスマホも書類も1つにまとまり、行動がスマートに。

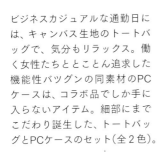

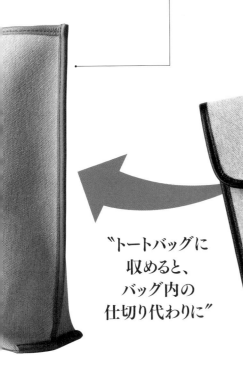

〝トートバッグに
収めると、
バッグ内の
仕切り代わりに〟

PCケース前面には、手のひらを通せる革製ストラップ付き。ケース単独使用時の落下防止に。

コラボオリジナルPCケースは、14インチまでのラップトップPCを収納可能。書類なども一緒に収められる。

PRESIDENT WONAN×FEEL AND TASTEのPCケース付きコラボキャンバストートは、2023年7月発売開始予定、販売予定価格4万6200円（税込み）。詳細は「プレジデント ウーマン ストア」でご案内します。

トートバッグとPCケースのコンビネーションが美しい。
カジュアルなバッグに使われることが多いキャンバス生地
なのに、ビジネスシーンでも活躍するのがうれしい。

# FEEL AND TASTE

そこで安東さんは極力シンプルなデザインにして製造工程を減らし、コストカット。それは、仕事用のトートバッグはサイズが大きいぶん、存在を主張しすぎないほうがいいという持論にも帰結する。飽きがこないシンプルなアイテムであれば、どんなファッションにも合わせやすいし、商談やプレゼンなどのきちんと感が求められるシーンでも違和感がないのだ。

ちなみにこの芯地づくりにも、安東さんらしいこだわりエピソードがある。自分でありとあらゆる材料を取り寄せ、何十という試作にトライしたのだが——。

「同じ生地でも貼り合わせをする素材によって全然貼り具合が違うのです。納得のいく芯地の固さを極めたくて、ものすごい数のサンプルを制作しました。スエード調生地を生産する大手メーカーの重役の方にその話をしたところ、『個人の会社でそんなことをやっている人はいない！』と驚かれました（苦笑）」

さらには、PCケースの留め口はマグネットではなく、ボタンに。なぜならマグネットの磁気がPCのデータを壊す可能性があるからだ。そしてPCの出し入れ口も、ほんの少しだけカーブを加えた。安東さん

## "キレイなだけじゃない、1、2年後にも「感動」があるものをつくる"

は「柔らかな印象を与えるし、ものも取り出しやすくなるのです」と理由を語る。

PCケースは、トートバッグにピッタリ収まる大きさにしているので、内部の仕切り代わりになってモノが整理しやすい。さらにはニュアンスのある美しい発色、ショルダーストラップのちょうどいい長さ、満員電車の中でも邪魔にならない大きさなど、こだわりポイントを数え上げればキリがない。しかも、安東さんの独りよがりにならないよう、色にしても、サイズ感にしても、働く女性たちの意見を聞いたり、平均的な身長の女性に持ってもらい大きさを調整したりなどという作業も怠らない。

デザインに関する細かい要望は、工場の職人に伝えるが、口頭ではなかなかニュアンスを理解してもらいにくい。だから、安東さん自らがパターン（製図）を引くことが多い。こんなふうに、時間を忘れて没入してしまうほど精魂を傾けてつくり上げたバッグは、使うほどにじわりとその良さが伝わってくる。

「パッと見てかわいい！と思って選ばれるのではなく、1年後、2年後に『ああ、やっぱりこのバッグはほかのものと比べても、断然良かった』と思われるような仕上がり

をめざしているのです。そのためには、フォルム、縫製、デザインを三位一体で完成させなくてはなりません」とも。

大量に生産され、ワンシーズンだけで消費されるようなファストファッションが主流の現代では、安東さんが手がけるものはぜいたく品かもしれない。半面、高価なものはていねいに扱うので、長く使える。結果的にコスパがいいと言ってよいのではないだろうか。

### キャリアが四半世紀を超えて今なお欲しいものは"才能"

安東さんは特に趣味がなく、休む暇もなく仕事漬けの毎日を送る。ある時こんな質問を受けた。「今一番欲しいものは何？」と。地位でも名誉でもお金でもなく、「才能！」と即答したというから、おもしろい。50歳をすぎても、まだまだデザイナーとして成長したいという貪欲な姿勢には、感心するしかない。

そんな彼が手がけるバッグは、クオリティーの高さや美しさを"感じて、味わって"楽しめるもの。つまり、まさにブランド名そのもの。今後も安東さんが生み出すアイテムから目が離せない。 ■w

爆発的な売れ行きを継続中の、キャリア女性のための
本革リュックサック発表から2年。
通勤にもフォーマルなシーンにも
対応するミニバッグを製作した──。

オンもオフも使える

# 機能とデザインを両立。
# キャリア女性が使える
# 理想のリュック&ミニバッグ

×

NAGATANI

リュック［PW Plume］5万8400円（税込み）
NAGATANI（プレジデント ウーマン ストア）

## "ハンドバッグから、より機能的なバッグへ。働く女性のスタイルは大きく変わった"

「こういうリュックが欲しかった！」

こんな声が続出したのは2021年、老舗革製品メーカー、ナガタニが展開する自社ブランド「NAGATANI（ナガタニ）」と「プレジデント ウーマン」がタッグを組み、画期的なアイテムを登場させた時だ。それは、ビジネスシーンでも大活躍するリュック「PW（ピーダブリュ）」。両手があくリュックは、多くの荷物を持ち運ぶには便利だ。しかし見た目にも素材的にもリュックはかなりカジュアル。クライアント訪問などのフォーマルな場面においては、マナー違反だと思う人が多いだろう。しかしPWは機能的かつおしゃれ、そしてビジネスシーンにも対応できる"きちんと感"があるので、働く女性の多くの支持を得られたのだ。

背面には14インチまでのPCが入る専用ポケットがあり、A4書類やノートも角が折れずにキレイに収まる。バッグ本体が軽いのでPCを入れても重すぎず、スクエアな形だから型くずれしにくい。さらにコスメ、日傘、手帳、スマホなどがごちゃごちゃにならずに収納できる。ショルダー部分はバッグの中に入れこめるので、通勤時はリュック、クライアント先では手提げバッグになるという2wayタイプ。しかも、ク

ロコ型押しの本革製だから、レザーらしいツヤと光沢がスーツにも合う。あえて例えるなら、才色兼備なのに、気さくで親しみやすい二面性が魅力的な女性のよう。

その後、少し丸みを帯び、小柄な女性にもフィットするような小ぶりなリュック「PW Plume（プルーム）」が登場。この理想のお仕事リュック第2弾も大好評である。これらPWシリーズの人気は、製作したナガタニの高い技術によるものといっていい。そこで、同社がどんな会社であり、どんなバッグを生み出してきたのかを簡単に紹介したい。

### 半世紀を超える技術の結晶がPWシリーズを生んだ

「創業は1968年で、当初からヨーロッパの一流素材メーカーと取引しており、高品質の本革バッグや財布、レザーグッズなどを手づくりしてきました。素材は外国産でも、製造はすべてメイド・イン・ジャパン。われわれは企画からたずさわり、職人が最後までていねいにつくり上げる伝統を守っています。皇室御用達バッグとしてもお取引先からオーダーをいただき、一本手のかっちりとしたハンドバッグをたくさんつく

## "オンもオフも日々の動作をもっとスムーズに。マルチwayなミニバッグ"

っています」とチーフデザイナーの中村啓子さんは語る。

時代とともに働く女性が多くなり、世の中のニーズに応えて、より機能的なバッグも製造するようになった。そんなナガタニと「プレジデント ウーマン」が再びコラボして、PWの遺伝子を受け継ぐミニバッグを誕生させた。スマホケースとしてビジネスユースでも普段使いでもOKのもの、さらにはパーティーでも使えるようにクラッチやハンドバッグに変わるバッグが欲しい。しかもミニといえど収納たっぷりで！という「プレジデント ウーマン」定番の"欲張り"オーダーを見事クリアした。

自社ブランド以外にも、クライアントと一緒に開発し、数々の名作を生み出してきた歴史もあるからさぞかしお手のものだろうと思いきや……。

「『プレジデント ウーマン』からのオーダーがいろいろありすぎたので（苦笑）、実現可能な部分をギュッと凝縮させました。機能を詰め込みすぎるとかえって使いづらくなることもありますから。それでいて高級感を損なわないバッグはどんなものかと、社内の職人と徹底的に話し合いました」と言うのは、ミニバッグ担当デザイナーの杉

本圭子さんだ。

### 企画から製造まで一貫して行うナガタニの伝統と強み

ナガタニは、デザイナーも、型紙を引くパタンナーも、アイテムを製作する職人も皆一緒に働いている。これも企画から製造まで一貫して行うメーカーならでは。

「何か問題があっても、職人とコミュニケーションをとるのがスムーズです。でも、職人は職人のプライドがあるので、こちらのオーダーに簡単に首を縦に振ってくれないことも……。せめぎ合いを繰り広げることがありますが、職人は得意先、ひいては使う人の要望であれば最大限の努力をしてくれます。しかも職人のアイディアによって、こちらの要望以上のでき上がりになることもあるので『モノづくりってこういうことだよなあ』とあらためて実感しますね」（中村さん）

さらに同社には「一人一本づくり」という、熟練の職人が一つのバッグのすべての工程を担当することもある。例えば、皇室御用達のバッグなどは、経験豊富なベテランでないと対応が難しいからだ。そんなメーカーが手がけるバッグだけに、否が応で

上部のハンドルは、使用時に持ち上がるスライ
ド式で見た目もスッキリ。

背面ポケットは、スマホなどの厚みのあるものも取り出しやすい、
立体縫製仕様。

財布代わりにもなるファスナーポケットと6枚収納可能
なカードホルダー。便利なチェーンストラップ付き。

ショルダーストラップを外せば、ハンドバッ
グやクラッチバッグに変身！　マルチなシー
ンで活躍。

# NAGATANI

2021年に発表したキャリア女性のための理想のお仕事リュック [PW] 6万8200円(税込み)／NAGATANI(プレジデント ウーマン ストア) 現在も売り切れが相次ぎ、追加生産を重ねるヒット商品だ。

も期待は高まってしまう。さて、ミニバッグに話を戻そう。色はメタリックなシルバーで、きらめき感がある。シルバーはパーティーにはいいが、ビジネスユースでも大丈夫？と思うが、心配ご無用。

「ハイブランドにも引けを取らないこだわりの金具を装飾のポイントにして、スッキリシンプルに仕上げました。だからどんなスタイルにもフィットしやすいのです。ストラップを外せばクラッチになり、持ち手部分を内側にスライドさせれば手で握ることができて、ハンドバッグにもなります」と杉本さん。彼女も中村さんも働く女性なので、今回の企画にとてもワクワクしたそうだ。なんといっても、この2人の"けいこさん"は、ともに筋金入りのバッグ大好き人間である。

「デザインをする際はいつもそうですが、街中の女性がバッグを持っている姿を観察したり、ハイブランドのバッグを参考にしたりとかなり研究をしました。『プレジデント ウーマン』から最先端のニーズを反映するバッグづくりの機会をもらえて、本当にうれしかったです」と声をそろえる。

ちなみに同社のデザイナーは、現在女性のみ。男性が多いイメージがある職人の世界で

Photograph＝ササキヨシヒロ／「プレジデント ウーマン プレミア」2021年秋号掲載

PRESIDENT WOMAN×NGATANIのミニバッグは、2023年初夏発売開始予定(価格未定)。詳細は「プレジデント ウーマン ストア」でご案内します。

## "持つ人を尊重し、職人のこだわりも尊重して、もっとも適したカタチに———"

も、女性が活躍しているのが頼もしい。

「デザインや縫製を含めて、細やかな作業や確認の工程が多いこと、お客様の立場に寄り添ったバッグづくりをベースにしていることで、結果的に女性が多くなっているのかもしれません。女性スタッフが手がける商品は男性がつくったものと比べて、ラインやフォルムにやさしい雰囲気が出ます。それが弊社のエレガントな女性らしい商品に反映されていると思います」とナガタニ代表の長谷圭祐さんは分析する。

## モノづくりの伝統と流行、どちらも両立するバッグを

最後に中村さんと杉本さんに、今後デザイナーとしてどんな活動をしていきたいかを聞いた。中村さんは「日本のモノづくりの伝統を継承する若手人材の育成を今後も続けていきたい」、一方の杉本さんは「流行を把握しつつも、ナガタニならではの強みを生かしたバッグづくりにたずさわっていきたい」と熱く語る。

"伝統と流行"のどちらも両立させるナガタニのバッグは、2人をはじめとする女性デザイナーや職人たちの情熱から誕生するのだ。

上：ミニバッグ担当デザイナーの杉本さん。デザインは常に原寸大で描く。中：職人との入念な打ち合わせが高品質の源。下：使いやすさにこだわりつつ試作を重ねる。

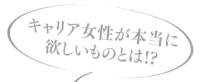

# 読者アンケートで見えてきた！
# キャリア女性マーケットの今と未来

コスメ、ファッション、グルメ、旅……

いつの時代も、女性向けマーケットは盛んだ。

単に女性向けといっても、年代や属性によって、

その市場は細分化されている。けれど、そこにありそうでなかったのが、

「キャリア女性」という属性だった――。

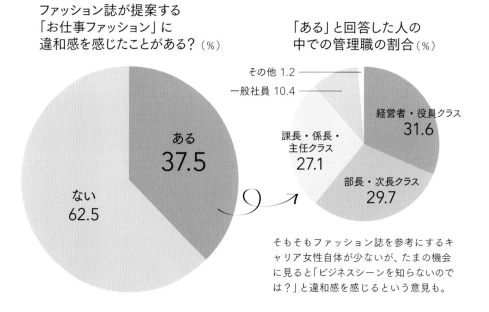

ファッション誌が提案する
「お仕事ファッション」に
違和感を感じたことがある？（%）

「ある」と回答した人の
中での管理職の割合（%）

ある
**37.5**

ない
**62.5**

その他 1.2
一般社員 10.4

経営者・役員クラス
**31.6**

課長・係長・
主任クラス
**27.1**

部長・次長クラス
**29.7**

そもそもファッション誌を参考にするキャリア女性自体が少ないが、たまの機会に見ると「ビジネスシーンを知らないのでは？」と違和感を感じるという意見も。

「お仕事ファッションへの意識調査」（2022年6月30日～7月7日実施。オンラインアンケート。有効回答数：1017）
※企画内に掲載したアンケートはすべて「プレジデント ウーマン」編集部による独自調査。

# 〝バイアスのないリアルな声が導く、働く女性が本当に欲しかったもの──〟

「プレジデント ウーマン」編集部では、創刊以来、多くの働く女性たちとともに、キャリア形成から仕事と家庭の両立、さらにファッションに関する悩みなどについて、さまざまなアンケート調査や意見交換を行ってきた。アンケート協力依頼対象は約8万人。回答者のうち、平均7割以上が管理職という他の調査会社にはない、さまざまな業種・職種に属するキャリア女性たちのデータが収集できるのが特徴だ。特に取材時の雑談などから拾い続けてきた、ファッションや暮らしに関するリアルな悩みについては、男性並みに仕事をこなすキャリア女性だからこその声が多く、商品開発の際に参考になる意見が多い。

## 創刊以来、積み上げてきた膨大なキャリア女性のデータ

ここ数年、一般女性ファッション誌も、読者ターゲットを「働く女性」に転換させている。創刊時には専業主婦層をターゲットにしていた雑誌も然り。今や結婚しても出産しても「働き続ける」選択をする女性が急増していることのあらわれでもある。

しかし、こうしたファッション誌が提案するビジネスファッションは、実際のキャリア女性には響いていないことが、編集部の調査で判明している。2022年夏に実施したアンケートでの「ファッション誌が提案する『お仕事ファッション』に違和感を感じることがありますか」という質問では、約4割の女性が違和感を感じると回答し、その8割以上が、管理職であることがわかった。「本当に働いている女性の服装に見えない」（メーカー）、「トレンドを追いすぎている」（金融）、「異性の目を意識しすぎている」（IT）、「カジュアルすぎる」（保険）などの意見が多数上がった。彼女たちの多くが、オンオフ問わずファッション誌を洋服選びの参考としていない。その理由はなんなのか……そこには、「『女性はこうあるべき』という男性目線の提案が多い」（精密）かつ、「実際のビジネスシーンに合わせた提案がない」（IT）からだという。

20年、「プレジデント ウーマン」創刊5周年を記念して企画した「理想のお仕事バッグプロジェクト」は、働く女性に本当に役立つものをつくりたいという思いからスタートした。

キャリア女性にとって〝見た目〟が仕事の成果に直結することは周知の事実。信頼感、清潔感、そして仕事ができそうな雰囲

# "これまでの女性向け商品は、古いマナーや、男性側の目線でつくられていた"

気——。こうした見た目の印象は、身につけるものから形づくられると言っても過言ではない。だからこそ、デザイン性と実用性が両立するものでなければならないと編集部は考えたのだ。

## キャリア女性が本当に欲しいものは市場にない!?

意外に知られていないが、キャリアを重ねるほど、ビジネスで持ち歩く荷物は多くなる。バッグにデザイン性を求めると小さくなり、高級感を求めれば重くなる。さらには、機能性を求めるとなると男性向けのビジネスバッグしかないというジレンマに陥る。もちろん、価格によっては管理職が持つべきものにはほど遠くなり……。

事実、キャリア女性たちの多くは「小さなバッグに憧れる。でも、仕事をしている以上、小さいバッグを選択すれば、必然的にバッグの複数持ちにならざるをえない」(金融)と語る。

こうした働く女性たちのリアルな声をカタチにした「本革なのに軽くて大容量」のトートバッグは、ファーストロットが20時間で完売するほどたくさんの働く女性たちから支持された。

その後、コロナ禍で一気に浸透した在宅ワークにより、出退社時にPCを持ち歩く人が格段に増加。女性たちは重い荷物をより快適に持ち運べる"リュックサック(以下リュックという)"を探していることがわかった。"リュック"は、これまでビジネスマナーの観点から、仕事で持つのはNGという暗黙のルールがあった。ここ10年ほどで男性ビジネスパーソンには浸透したものの、まだまだ男性向けの領域だった。そんな中、編集部は女性向け"ビジネスリュック"の開発に踏み切ったのだが、マナーをはじめ「働く女性はこうあるべきだ」という画一的な視点から反対する声も多くあったのは事実だ。けれど、ビジネスの現場に身を置くキャリア女性たちのリアルな声は、確実に通勤時の「快適さ」と「マナー」の観点を両立する"リュック"を求めていた。実際、発売してみると「こんなリュックを待っていた」(メーカー)、「どこにもないので男性用で代用していた」(製薬)という反響の声が寄せられている。

女性を対象としたマーケット、市場の拡大に伴い、さまざまな属性に合わせた商品が開発・販売されている。しかし、創刊以来「プレジデント ウーマン」がターゲッ

郵 便 は が き

１０２８６４１

東京都千代田区平河町2-16-1
平河町森タワー13階

## プレジデント社

書籍編集部 行

| フリガナ | | 生年（西暦） | |
|---|---|---|---|
| 氏　　名 | | | 年 |
| | | 男・女 | 歳 |
| 住　　所 | 〒 | | |
| | TEL　　　（　　　　　） | | |
| メールアドレス | | | |
| 職業または学校名 | | | |

この度はご購読ありがとうございます。アンケートにご協力ください。

本のタイトル

●ご購入のきっかけは何ですか?(○をお付けください。複数回答可)

　　1 タイトル　　　2 著者　　　3 内容・テーマ　　　4 帯のコピー
　　5 デザイン　　　6 人の勧め　　7 インターネット
　　8 新聞・雑誌の広告（紙・誌名　　　　　　　　　　　　　　　　　　　）
　　9 新聞・雑誌の書評や記事（紙・誌名　　　　　　　　　　　　　　　）
　　10 その他（　　　　　　　　　　　　　　　　　　　　　　　　　　）

●本書を購入した書店をお教えください。

　　書店名／　　　　　　　　　　　　　　　（所在地　　　　　　　　　　）

●本書のご感想やご意見をお聞かせください。

●最近面白かった本、あるいは座右の一冊があればお教えください。

●今後お読みになりたいテーマや著者など、自由にお書きください。

　　　　　　　　　　　　　　　　　　　　　どうもありがとうございました。

お仕事バッグを選ぶときに重視するポイントは?

**1位 大きさ**
**2位 容量**
**3位 デザイン**

> ここに一般的な女性の
> ニーズとの隔たりが!

お仕事バッグの悩みは何? （複数回答）（%）

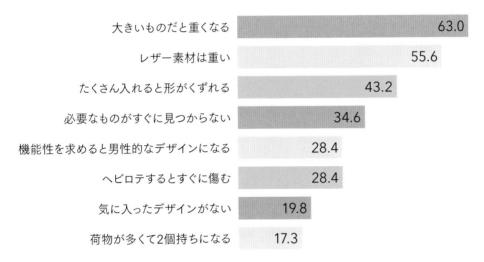

| | |
|---|---|
| 大きいものだと重くなる | 63.0 |
| レザー素材は重い | 55.6 |
| たくさん入れると形がくずれる | 43.2 |
| 必要なものがすぐに見つからない | 34.6 |
| 機能性を求めると男性的なデザインになる | 28.4 |
| ヘビロテするとすぐに傷む | 28.4 |
| 気に入ったデザインがない | 19.8 |
| 荷物が多くて2個持ちになる | 17.3 |

今後、ビジネスで使いたいバッグのタイプ Top 3 （複数回答）（%）

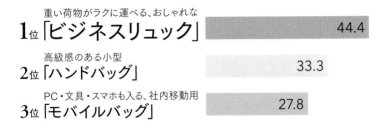

重い荷物がラクに運べる、おしゃれな
**1位「ビジネスリュック」** 44.4

高級感のある小型
**2位「ハンドバッグ」** 33.3

PC・文具・スマホも入る、社内移動用
**3位「モバイルバッグ」** 27.8

「キャリア女性の荷物は、男性並みに重い」。そのため、流行りの小さなバッグに憧れるものの、複数持ちを避けるため、必然的に大きくて大容量のバッグを選んでいることがわかった。しかしコロナ禍でPCの持ち歩きが日常化した今、重い荷物をよりラクに運べる「リュックサック」へのニーズが高まってきた。ビジネスマナーの観点でも「素材とデザインによっては、ビジネスシーンでもOK」と考える人が圧倒的に増えている。

「お仕事バッグ」に関するアンケート（2019年12月実施。PWサロンメンバー
500人へのオンラインアンケート調査。有効回答数：486）

## スーツ（ジャケット）の悩みTop 3 （複数回答）（%）

1位 似合うスーツが見つからない 46.5

2位 これまでのブランドでは合わなくなった 39.8

3位 似たような色になってしまう 32.3

## スーツ（ジャケット）に必要な条件とは？

・女性らしさのあるデザイン
・シワになりにくい
・肩や腕の可動性が高い
・顔映りのいい色み
・イージーケア
・ポケットが多い
・カラダのラインを拾いにくい

ポジションが上がるほど必須のスーツだが、女性用をそろえるブランドは少なく、しかも機能面が重視されていないものも多い。働く女性の声でもっとも多いのが「ポケット」の必要性。こうしたリアルな声を拾うほどニーズに合った商品開発が可能になる。

## ビジネスシューズに求めることTop 5 （複数回答）（%）

1位 疲れない 86.4

2位 痛くならない 78.9

3位 歩きやすさ 76.1

4位 靴擦れしない 55.7

4位 デザイン性 55.7

「お仕事ファッションへの意識調査」
（2022年6月30日〜7月7日実施。オンラインアンケート。有効回答数：1017）

## ビジネスに限らず「これから欲しい」モノは？ （フリーアンサー）

ビジネスシーンとプライベートの暮らしを両立できる家（メーカー）

シングル女性でも安心して暮らせるマンション（保険）

自宅で倒れた際に関知して通報してくれるシステム（IT）

免許がなくても自動運転できる車（教育）

破れないのに透明度が高いストッキング（人材）

家庭内別居がスムーズにできる家（マスコミ）

一度買えば一生使える喪服（金融）

仕事中でも違和感なく使えるチェア型バランスボール（IT）

デスクワークしながらマッサージができるビジネスチェア（公務員）

突拍子もない意見にヒントが隠れていることも。定年後の生き方・暮らし方を模索している女性も多い。キャリア女性マーケットの未来は、身の回りのモノから街づくりに至るまで大きな可能性を秘めている。

「管理職女性の意識調査」（2021年6月実施。有効回答数：1087）

# 〝これから熱いのは、単なる「女性」ではなく、可処分所得の多い「キャリア女性」マーケット〟

トにする〝キャリア女性〟という属性は、メディアでも市場でも重要視されていなかったことは、前述した実際の働く女性の意見からも明らかだ。

## 拡大する女性マーケットの一方で、見過ごされていた〝キャリア〟属性

編集部では、働く女性たちの〝リアル〟な声をもとに、これまで市場で見過ごされていたニッチな「キャリア女性向け」というマーケットの可能性を見いだした。

これからはもっともっと働く女性が増え、キャリアを重ねる女性も増加していく。安定した収入があり、可処分所得も多い彼女たちは、自分で選び取る力も高いのが特徴。〝いい〟と思うものには、惜しむことなくお金をかけるといった特徴も持ち合わせている。ファッションに限らず、家具、住居に至るまで彼女たちをターゲットにした市場開発には可能性が満ちあふれている。「これから、どう自分の暮らし方を変えていくかが課題。独身でも安全に暮らせる住宅や、単なる老人ホームではない施設があればうれしい」（50代・商社）、「家族や古くからの友人であっても、日々深くかかわるのは煩わしいけれど、まったくコミュニケー

ションがないのも寂しい」（50代・医療）、「シングルでここまで来た。定年後も仕事を続けるつもりだが、同様の境遇の人たちとコミュニティーをつくりたい」（50代・メーカー）。こうした声に代表されるように、キャリア女性たちは定年後の生き方、暮らし方にもこだわりを持つ。そうした、こだわりに耳を傾けカタチにしていくことが、今後より成熟していく女性マーケットの未来を明るく照らすのだろう。

「女性ものはピンク」「スーツならスカート」など、「女性はこうだ」というバイアスでつくられていた商品の多くは、女性のリアルな声よりも、男性が抱く理想の女性像を取り入れてつくられてきたモノが多い。時代の変化に伴い、働く女性が急増する今、女性をターゲットにしたあらゆるアイテムに女性自身の意見が取り入れられつつある。女性たちの声には、それまで気付けなかった新たなヒントが隠れているからだ。

人生100年時代の今、定年後も働き続ける女性はさらに増え、属性ごとのニーズの変化・多様化は今以上に加速するだろう。これまでのような単なる「女性」とひとくくりにしたマーケットではないものが求められる。 **w**

なぜ必要なの!?

# 管理職として
## もう一度押さえておきたい

# キャリア女性のための「ビジネスファッションマナー講座」
# A to Z

役職が上がるほど、所属する企業や組織をイメージしながら、自分の"見え方"を考える、とキャリア女性たちは声をそろえる。社会でダイバーシティが進む中、ファッションにも多様性は広がっているけれど……。キャリア女性が知っておくべき、本当に必要なビジネスファッションマナーとは──。

## スーツ＆パンプス着用はマスト、髪型、髪色も決められている!?

　ファッションにも多様性が浸透したことで、個性がより強調されるようになってきた。これまで周囲に合わせてファッションを選んでいた人たちの間でも「好きなものを着たい」という傾向は広がりつつある。では、ここ数年で一気にカジュアル化が進んだビジネスの世界ではどうだろうか。

　編集部が行ったアンケート調査※によると「自身が勤める会社には服装規定があるか」の問いに「ある」と回答したのは36.3％。今どきそんな企業があるのか、と驚く人もいるかもしれないが、服装規定が存在する業種は、もっとも多いのが金融系、次いで教育関係、保険と続く。特に黒・紺・グレーのスーツとヒール靴の着用を義務づけている企業が多い。細かい規定の多くは、女性の服装に関してのようだが、当の女性たちからは「会社が服装規定を設けること自体ナンセンス」「前時代的ルール」と怒り交じりの嘆息や、「髪形や髪色まで決められると働きづらい」という悲痛な声さえも聞こえてくる。

　そこで、キャリア女性こそ知っておきたい、本当のビジネスファッションマナーとは何かを、マナーコンサルタントの西出ひろ子さんに教わった。

## マナーの原点は相手を思うこと。不快にしないことを意識して選択

「マナー」とは、状況に応じて、相手の立場を思い、相手に敬意を払って行動すること。つまり「思いやり」です。ファッションにおいても、独りよがりではなく、相手に合わせた服装を心がけることが大切です。

　マナーにはT（Time／時間）、P（Place／場所）、O（Occasion／場面）が深く関わりますが、そこにPerson（人／相手）と、Position（立場）をプラスし、T.P.P.P.O.で考えることで自分の立場を意識しつつ、より一層、場に即し相手に配慮したマナーとなります。自分はいいと思っているファッションでも、見

---

### T.P.P.P.O.とは？

- Time＝時
- Place＝場所
- Person＝人
- Position＝立場
- Occasion＝場合

マナーとは、場所と状況に応じた振る舞いを個々人が考え実行することだが、西出さんは、これに「人（相手）」の心情と、自分や相手の「立場」を加えて考えるT.P.P.P.O.を提唱。これにより、相手を思いやって行動する真の意味でのマナー（立ち居振る舞い）になるという。

 ※「お仕事ファッションへの意識調査」（2022年6月30日〜7月7日実施。オンラインアンケート。有効回答数：1017）

# "個々のアイテムの「格」を知れば、おのずとT.P.P.P.O.に合わせた装いが可能に"

ヘアはスッキリと。ダウンスタイルはセミロングくらいまでがベスト。それ以上長い場合は、オフィスワーク中や、取引先訪問時にはまとめるようにすると好印象に。

ベーシックカラー系のスーツまたはジャケットに、ヒザが隠れる程度のスカートなら格上ビジネススタイルに。胸元は見えて鎖骨くらいまで。管理職らしさは素材選びも重要。

知っておきたい！
## お仕事ファッションの格

**格上**

↑

・セットアップスーツ
（ジャケット＋スカート）
＋ストッキング＋パンプス

・セットアップスーツ
（ジャケット＋パンツ）
＋ストッキング＋パンプス

・ジャケット＋スカートの
組み合わせ

・ジャケット＋パンツの
組み合わせ

・オープントゥ（パンプス）

・バックベルト（パンプス）

・素足

・ミュール／サンダル

・ブーツ／スニーカー

↓

**格下**

る人の好みによってはどう映るかわかりません。特に視覚に訴えかける「見た目」は、ともすると周囲の人を不快にさせたり、思わぬトラブルを引き起こしたりすることさえあるほどなので、十分注意すべきマナーでもあるのです。企業によっては服装規定がある会社もありますが、「相手がどう思うか」を考えるからこその規定ではないでしょうか。また、女性の服装は多様ですから、ある程度の基準を設けることで、会社のイメージを社員一人ひとりに意識してもらいたいという会社側の思いもあるかもしれません。

　基本的に、ビジネスシーンでは肌の露出はNGです。ノースリーブのトップスなら、ジャケットを羽織るのがマナーです。もちろん夕方以降の華やかな会合であれば、適度な肌見せは問題ありません。昼間のノースリーブがNGな理由はさまざまありますが、やはり、相手がどう感じるか、どんなシーンなのかを考えれば、必然的に「この露出はOKなのかNGなのか」が判断できるでしょう。ビジネスファッションでもっとも大切なのは「清潔感」。相手に不快感を与えないためにも、これだけは必ず押さえておきたいものですね。

　時代はニューノーマル。暮らしも思考も一気に変化し、ビジネスファッションもカジュアル化しつつあります。けれど、ニューノーマルは、何においても"本質"に目が行く＝真価が問われる時代です。カジュアルといえど、所属する企業のイメージを損なわず、自分のポジションに見合ったファッションを選択することが、キャリア女性の真価でもあると言えそうです。

「エレガンス」の語源は「選択する」。正解を知ったうえで、シーンに合わせて自ら選択できる人こそ、真のエレガントな女性なのです。

　また、改まった席などで、服装のマナーを間違えてしまった方に対し、マナー違反だと声高に批判する人もいますが、相手を批判すること自体がマナー違反です。例えば告別式などでの「黒タイツ」着用に、あなたはどう感じますか？　本来のマナーでいえば「黒ストッキング」が正式です。でも相手にはケガなどの事情があるかもしれませんし、真冬ならば、タイツのほうが適していることもあります。相手の事情に思いを馳せずに批判するほど、エレガントさからは遠のきます。マナーは事情によって変わってもいいものなのです。

# ＂相手がどう思うかを意識して スカート丈やトップスの見極めを＂

オフィスでは、ジャケットは脱いでもOK。突然の外部との打ち合わせなどに備えて1枚ロッカーに常備しておくのも手。

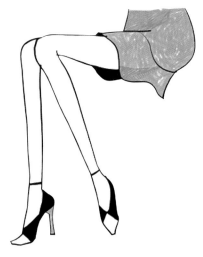

ヒザ上のスカートは、座った際にずり上がり、太ももがあらわになったり、下着が見える危険も！　スカートはヒザ下丈がベスト。和室での会食はロングのフレアスカートが便利。

スニーカーやフラットシューズで通勤する人も増えている。ロッカーに3〜5cmヒールの黒のパンプスを1足置いておくと、いざというときに重宝するはず。

露出度の高いトップスは要注意。胸の谷間が見えたり、ノースリーブの袖ぐりからブラが見えるのもNG。相手を不快にしたり、逆に変な意味に取られる場合もあるので避けて。

## 個性的＝非常識にならないよう
## 注意すべきファッションポイント

「自分らしさ」とはいえ、ビジネスシーンで個性を強調しすぎるのはあまりオススメできません。例えば、スカートは丈が長くなるほど「フォーマル」とされています。最近のトレンドでも丈は長めですが、通常のビジネスの場で、マキシ丈のようなスカートは周囲から浮いてしまいがち。できれば、ふくらはぎの半分ほどのミディ丈までがいいでしょう。逆に短すぎるスカートも避けたいもの。座ったときにヒザが出ないくらいの丈がエレガントです。また、色みで個性を出すのも限度があります。男性中心のビジネスシーンでは黒や紺、グレーなどの暗い色が多いので、ホワイト、ベージュ、ピンクやブルー、グリーン系のペールトーンなどの色みは、女性らしい華やぎを演出できます。けれど、真っ赤や真っ黄色などの濃い色は、周囲の人を驚かせることにもなり、何よりもその色が会社や職場の雰囲気に合っていないならば、避けるべきです。もちろんアパレルなどのファッション業界であれば、自社製品を身につけることはPRにもつながるためT.P.P.P.O.に鑑みれば、何も問題ありませんし、むしろ"地味"よりも歓迎されることもありそうです。もし、自身の服装に迷った場合は、「会社のイメージに合っているか」「自分の役職に合っているか」、そして「周囲から素敵だと思われるか」を立ち止まって考えてみるといいでしょう。キャリア女性が素敵に輝くことは、会社を活性化し、引いては日本の経済を回すことにもつながります。シワシワの洋服や場にそぐわないファッションは"素敵"からはほど遠くなります。

とかく日本人は「型から入る」ことが多く、型から外れていることに対して強く批判しがち。けれど真価の時代になったからこそ、相手を思いやり"許容"することも大切。ビジネスファッションも型にとらわれすぎず、楽しみながら整えることをめざしましょう。 w

〈教えてくれた人〉
## 西出ひろ子さん

にしでひろこ ● マナーコンサルタント／美道家。HIROKO MANNER Group代表。企業300社以上でのマナー研修のほか、映画・TVドラマなどでのマナー指導も行う。『改訂新版 入社1年目ビジネスマナーの教科書』（プレジデント社）など著書多数。

# "自身のポジションに見合う、 上質素材で品のあるものをチョイスして"

OK ○

取引先と会うときは部下に間違えられないように、上質素材のファッションを心がけて。ブランド名を強調しない、さりげないアクセサリーや、本革の上質なバッグなどを。

NG ✕

個性的すぎるファッションは、一般的なビジネスでは基本NG。全身原色などのキツい色みも避けたほうが無難。マキシ丈スカートは夜のパーティー以外は着用しないほうがベター。

66

# ダイバーシティ組織が生んだ

# 最強の
# イノベーション
# 秘話

Strongest Innovation Stories

社会の多様性が叫ばれるなか、
各企業にも多様性が求められて久しい。
その最大の目的は、「イノベーション」だ。
同質性を排除し多様な属性や知識を持つ人を交えることで、
思考が変わり、新たなものを生み出す力も増す。
ここでは、ダイバーシティ組織だからこそ
生み出せたイノベーティブなアイテムを紹介しつつ、
誕生に至るまでの秘話を追った──。

# あくまでも "機能美" を追求。「企画」「営業」「広報」——女性3人の緻密な連携が生んだ大ヒット商品

## Wacoal

今、男性用のレース下着が話題だ。「レース＝女性のもの」、という従来の概念を打ち破り、新たなモノづくりに挑戦した女性たちがいる。企画スタートからワンチームとなり思いをひとつにして、大ヒット商品を生み出した。その情熱の原動力とは——。

Text＝田北みずほ　Photograph＝小林禎弘（P70〜72、75）　写真提供＝ワコール

# 〝男性の美意識の変化に応える 新たなチャレンジを〟

女性用下着を中心に、衣料品メーカーとして70年以上の歴史を持つワコール。メンズインナーブランドの「WACOAL MEN」は2013年にスタートした。「『追いつけない下着』をつくろう」をテーマに、フィット感、肌触り、動きやすさにこだわった男性用下着を開発。快適さをとことん追求した「気持ちいいパンツ」、日本伝統のスタイルを取り入れて解放感を高めた「ふんどしNEXT」など、素材や機能にこだわり抜いた商品を数々生み出してきた。

## 下着に美しさや上品さを求める 男性のニーズに応える商品を

21年12月の発売以来、注目を集めているのが、美しさと快適さを兼ね備えた「レースボクサー」だ。

ヒットの立役者となったのは、デザイン・設計に携わったメンズインナー商品企

ワコール
メンズインナー商品企画課
課長
**稲積美紀**さん

いなづみみき ● 美大卒業後、ワコール入社。メンズインナーの企画一筋に15年。「男性用で新しい提案ができないかと常々考え続けていました」

画課課長の稲積美紀さん、販売企画を推進したメンズインナー商品営業課の中山頌子さん、そして宣伝部で広報・PRを担当した中澤泰子さん。3人のチームワークが男性下着の新しい価値を創り上げた。

レースボクサーを開発するきっかけとなったのは、約2年前に行った顧客へのニーズ調査だったという。

「男性も女性と同じように、下着に対して美しさ、上品さ、品質の良さを求めていることがわかりました。それまでは『男らしさ』をコンセプトとしていたのですが、顧客ニーズとずれがあったのでは、と気づいたんです」（中山さん）

その頃、コスメやネイルにこだわる男性が増えるなど、「男らしさ、女らしさ」といった従来の価値観にとらわれないメンズファッションの変化が見え始めていた。「WACOAL MEN」でも、華やかな花柄のボクサーパンツは人気商品。長年温めていたアイディアを形にするのは今だと、稲積さんは直感した。

「当社が女性下着で培ってきた、高級感のあるレース素材を男性下着にも使いたいとずっと思っていたんです。美しさを求める気持ちに、男女の差はない。レースは女性

## Point

- ・企画から商品化までスピード感を重視
- ・素材から縫製までこだわった〝日本製〟
- ・ワンチームで考え進める

のものという固定観念を払拭して男性下着をつくったら、絶対に受け入れてもらえると思ったんです」

### 肌触りが良く伸縮性の高いレース素材を一から開発

　レースボクサーの開発にあたって、徹底的にこだわったのが、素材と機能だ。レース素材を初めて身につける人でもはき心地が良く、手に取りやすいデザインにするため、メンズ用のオリジナルレースを一から独自開発することにした。

「はくときに強く引き上げたり、着用中に激しい動きをしたりしても破れないよう、レース生地の強度とストレッチ性が重要と考え、糸から検討しました」と稲積さん。柄もバラ、リーフ、幾何学調モチーフを組み合わせ、伸縮性のあるエレガントなレース生地に仕上げた。

ワコール
メンズインナー商品営業課
**中山頌子**さん

なかやましょうこ ● 大学卒業後、ワコール入社。「百貨店に消費者からお問い合わせもあるほど。商品を十分に配置できずお叱りを受けますが、うれしい悲鳴です」

　通気性が良く、ムレや締め付けの少ない快適なはき心地を実現するため、設計にも工夫を凝らした。フロント部分はダーツをたっぷりとって立体的に縫い上げ、グラマーに見える設計に。ウエストテープも光沢のある素材でエレガントに仕上げた。ていねいなモノづくりが求められるため、縫製は日本国内で行っている。

　もっとも難しかったのは「どんな男性がはいても納得できるカッコ良さと着用感のバランス」だったと稲積さんは振り返る。商品部の男性社員たちの協力を得て、何度

レースボクサーは2022年度グッドデザイン賞「グッドデザイン・ベスト100」に選定された。

商品企画・商品営業・広報のチームワークによって大ヒット商品が誕生した。

# 〝見えないところにも気を配る感度の高い人をターゲットに〟

も試着テストを繰り返した。

「これまでに開発した商品より、試作の回数はかなり多くなりました。試しばきの人数を増やすなど、開発のスピードアップを意識しました」（中山さん）

## テストマーケティングから品薄状態が続く異例のヒット

今までにない商品づくりに挑む中、懸念されたのが市場の反応だ。

「良い商品ができる自信はあったものの、チャレンジングな商品だけに、果たして本当に売れるのかという不安はありました。『WACOAL MEN』の認知度を高める起爆剤にしたい思いもあり、新しい試みとしてテストマーケティングを行うことにしたんです」（中山さん）

この商品のコンセプトをどう設定するか、市場にどう訴求するか。販売戦略を決める段階から広報担当の中澤さんも加わった。

「一目見た瞬間にこれはすごい！と思いました。どのように市場に送り出すべきか、ワンチームとなって何度も話し合いました」（中澤さん）

奇抜に見えるレースボクサーだが、あくまでも、男性の下着の選択肢のひとつとし

て捉えてほしい、幅広い男性に受け入れてほしい、というのが3人の考えだった。下着という見えないところにも気を使う、ファッション感度の高い男性をターゲットに設定し、市場の反応を見ることにした。

テストマーケティングの場として選んだのは、新しい商品や体験の応援購入サイト「Makuake」。顧客の反応をダイレクトにキャッチすること、そして20～30代の新しい顧客を開拓したい、というのが狙いだ。初披露の場となるため、商品をイメージしやすいよう徹底的につくり込んだ。

「仕事に向かう男性がスーツに着替える途中でレースボクサーが見えているといったワンシーンを表した写真を掲載。普段の生活に溶け込んでいるイメージができるようにしました。レースボクサーがファッションのひとつであることをビジュアルで表現したんです」（中山さん）

21年10月に発表すると、予想を上回る反応があり、あっという間に販売予約枚数が埋まった。

「思ってもみなかった状況に、大興奮しました。『こういう下着を待っていました』『ぜひ市販化してください』という応援の声が多くて、本当にうれしかったですね」

（稲積さん）

　あまりの反響の大きさに、市販化の予定時期を早めた。テストマーケティングから2カ月後の12月、百貨店など3店舗とオンラインストアで販売をスタート。すると、3カ月分の販売枚数が10日でなくなるという爆発的な売れ行きを見せた。SNSで話題になったこともあって、増産してもすぐに売り場から消えるほどだったという。

## 異例の大ヒット商品に メディアの取材が殺到

　斬新な商品が異例の大ヒットを飛ばしているとあって、メディアからの取材も殺到。中澤さんは取材対応に追われた。

「通常は当社が発表したニュースリリースを受けてメディアの方々に取材していただくんですが、レースボクサーに関してはより多くの方に知ってもらうため、広報的な戦略を立てました。その結果、たくさんの取材依頼がありました。男性の美意識の変化という社会現象を反映した商品なので、国内外の多くのメディアが取り上げてくれました。この商品は海外でも話題になったようです」（中澤さん）

　ただ、一時期は品薄状態だったため、買いたくても手に入らないという状況に。そうした中で取材を受け続けていいのか、中澤さんは悩んだという。そんなとき、当時の上層部に「こういう商品があるということをメディアを通して知っていただくことにワコールとしての価値がある」と背中を押され、迷いがふっきれた。

　発売から1年以上経った今も快進撃は続く。22年10月に発売したドット柄の新商品も好調。発売当時、3店舗だった売り場

世界的に話題になった「WACOAL MEN」の「レースボクサー」。メンズボクサーの分野では初めてレース生地を使い、艶やかな色みで爆発的ヒット商品に。男性自身が購入するのはもちろん、女性からのプレゼント需要も多いという。

# "ファッションのひとつとして、
# 下着選びを楽しむ文化を男性にも広めたい"

は、23年春から約10倍に増やした。ウェブサイトの訪問者数と売り上げも前年比230%を超えているという。若者に限らず、幅広い年齢層の顧客のハートをつかんだ。

ギフトとしての需要も高いため、23年のバレンタインデー商戦では、男性用下着では珍しいポップアップ出店を企画するなど、販売部隊の協力体制も厚い。

## "お気に入りの一枚"として
## 選ばれ続ける商品を追求

レースボクサーという大ヒット商品を生み出すことができた要因を3人はどのように捉えているのだろうか。

入社以来15年、メンズインナーを担当してきた稲積さんは「レースボクサーを見て『This is Wacoalだと思ったよ』という声をもらいました。当社が技術を磨き上げたレースで新しい価値を提供できた。ワコールのモノづくりへのこだわり、思いが伝わった結果だと実感しています」。
「メンズインナー部門は少人数なので、一人が行う業務の範囲が広い。分業ではなく、全員がスピード感を持って、やれることをやったこと、この商品をお客様にお届けしたいという思いが共通していたことだと思

ワコール
宣伝部　東京宣伝課
広報・PR担当

## 中澤泰子さん

なかざわたいこ ● 大学卒業後、ワコール入社。広報・PRを担当して15年。「発売以来、メディア取材が殺到。一人ですべてに対応したので、5カ月で15キロやせました(笑)」

います」と中山さん。そして中澤さんは「この商品をどのように見せたいか、3人のベクトルが一致していたこと。私たちが考えていたとおり、男性下着の選択肢として定着したと思います」と語る。

23年2月には、ニューヨークコレクションにも出展している人気のアパレルブランド『N.HOOLYWOOD』とのコラボ商品を発売。こちらは着慣れた感じの風合いを持つやわらかな綿の商品。コンセプトはレースボクサーと異なるが、大いに注目を集めている。

「お客様の感度が高くなっているので、私たちはもっと進化し続けないといけないと、気を引き締めています」(中山さん)。「お気に入りの一枚として選ばれる商品を今後も追求していきたいです」(稲積さん)

男性下着の進化に挑戦するワコール。今後、生み出される商品に期待が高まる。 **w**

業界の垣根を越えて

# インクルーシブデザインで誰もがファッションを楽しめる社会をめざして

## ADASTRIA

「Play fashion! for ALL」というコンセプトのもと、あらゆる人が楽しめるファッションを提案するのが、アパレルメーカーのアダストリアだ。「服の持つ力で人々に元気を与えたい」と2020年にプロジェクトを立ち上げ、21年秋にインクルーシブファッションを発表。多様性を実現し、誰もが笑顔になれる服づくりへの挑戦はどのように進められたのか——。

# 〝ファッション＝ 気持ちを明るくしてくれるものでありたい〟

「Play fashion! for ALL」として、病気や障がいの有無、年齢、性別などのジェンダーにかかわらず、すべての人が楽しめる「インクルーシブファッション」を提案しているのが、アダストリアだ。

2021年10月には、車いす使用者向けのパーカーとジーンズ、低身長の人用のセットアップ、入院中に着やすいパジャマを発表し、オンラインで販売している。

きっかけとなったのは、20年に行われた社内の新規事業公募。ひとりの社員が自身の介護体験をもとに、誰もがもっと着やすくて楽しめる服を提案。そのプレゼンに共感した経営層が「ぜひ事業化すべきだ」と支援し、「インクルーシブファッション」実現化に向けて走り出した。

プロジェクトは固定メンバーではなく、発案者を中心にブランドやグループ会社の垣根を越えて、さまざまなメンバーが必要に応じて協力するアメーバ的な体制。協力者が次々と現れ、全社的に応援するムードが広がったのは、同社の企業ミッション「Play fashion!」思想が浸透している表れだ。

## 困りごとを抱える社員の 声を聞きながら商品開発

商品開発に参加したひとりが、鈴木大輔さんだ。鈴木さんは事故をきっかけに車いす生活となり、現在は子会社のアダストリア・ゼネラルサポートに所属。

「困っていることを聞かせてほしいと言われ、商品開発のオンラインミーティングに週1回参加しました。僕は手首で車いすのタイヤを操作するので、白い服では袖が汚れてしまうんです。そこで白い服でも汚れが気にならない、部分的に生地を切り替えたパーカーのアイディアが生まれました」（鈴木さん）

ほかにも生地の耐久性やボタンをスナップボタンに変えるなど、細部にこだわって工夫を凝らした。

「障がいがあるなど、実際に困りごとを抱えている人から生の声を聞いたことで、あらためて気づけたことがたくさんありました」と振り返るのは、現在、プロジェクト

アダストリア・
ゼネラルサポート
山形サポートセンター
**鈴木大輔**さん

すずきだいすけ ● 高校3年生の時、スポーツ中の事故で車いす生活に。数年のリハビリ生活を経て、2015年アダストリア・ゼネラルサポートに入社し、勤続9年目。

の中心メンバーとして活躍する大谷知加子さんだ。

「私は以前からダウン症の子どもたちを支援していて、障がいのあるなしにかかわらず子どもたちにファッションの楽しさを伝えたいと活動。『誰もが楽しく着られる服』という『Play fashion! for ALL』のコンセプトに強く共感して、プロジェクトに参加することにしました」(大谷さん)

「きっとこういうところに困っているのだろう」というイメージを持っていても、実際に当事者の声を聞くと、それよりもさらに深いニーズがあることを発見。何度も試作をやり直して納得のいくものをつくり上げる作業に取り組んできた。

例えばボタンホールひとつとっても横ではなく、斜めになるだけで着脱がしやすくなり、障がいのある人だけでなく、手の力が弱い高齢者も着やすい。誰でも快適に着られる服を追求することは簡単ではない。しかし、ていねいに声に耳を傾け、小さな工夫を重ねていくことが大切なのだ。

そんな試行錯誤を重ねて発表した「Play fashion! for ALL」の服。自身もモデルとして発表の場に登壇した鈴木さんは、「自分の声が反映された服が生まれたことは、

新たに開発中のパンツ。「介護者も着替え介助がしやすいようにウエストから裾まで前面2本のジッパーで大きく開閉します」(大谷さん)

アダストリア
生産物流本部　品質管理部
品質管理チーム　マネジャー
**大谷知加子**さん

おおたにちかこ ● 文化服装学院卒業後、自社ブランドを立ち上げ活動。2010年アダストリアに入社し、現職。子どものころから「服育」を通じて、ファッションを楽しんでもらう活動も。

（左）2021年に開催した試着会の様子。
車いす利用者も集まり耳を傾けた。（右）
当事者にしかわからない改善点などリア
ルな声がたくさん聞けた。

製品化したパーカーとパンツ。パーカ
ーは別布仕様で汚れやすい部分をカバ
ー。指が使いにくい人でもラクに上下
できるようパンツのジッパーにはルー
プを。製品化後も改善点は次々と発見
されるという。

# 〝特別なものをつくるのではない。トレンドに機能をかけ合わせれば誰もが楽しめる〞

単純にすごくうれしいし、やりがいにもなりました。今後も当事者目線のアイディアでいろいろ提案できたらと考えています」と語る。

大谷さんが業務で行う品質管理では、傷や汚れなどの不具合があってリサイクル・リユースされる商品も数多く目にする。大谷さんはそれらをリメイクして障がいのある人向けや、介護する人が寝たきりの高齢者を着替えさせやすい服の試作品を制作する。「寝たきりのままでも、パンツのジッパーが大きく開閉することで簡単に着替えさせられるように工夫。介護者の方の声を反映して、パンツがずれないようにウエストにベルトも加えました」(大谷さん)

一方で、事業化には、さまざまなハード

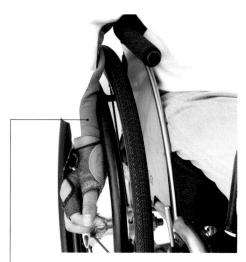

車輪で袖が汚れる悩みをデザインで解消！

ルがあるのも事実だ。「それぞれのニーズがまったく違うので、大量につくって大量に売るのは、そぐわない」(CSR ／サステナビリティ担当・深川智子さん)からだ。

## いかに持続可能な事業にしていくかこそが重要

だからこそ、と深川さんは、「会社としてもプロジェクトの事業化・収益化を急いで軌道に乗せようとは考えていません。それよりも社会にどんな形で貢献するか、どう持続可能にしていくかが重要です。多様な方々のニーズに応えるために、ていねいに歩んでいきたい」と語る。

手段は、オリジナルブランドの商品化以外にもある。アダストリアでは48ブランドを展開し、さまざまなデザインの服がある。例えば袖や裾にファスナーをデザインしたパーカーは、腕や手が動かしにくい人に着やすく、ファッション性も高い服だ。「60代向けブランド『Utao』では、背中のファスナーを少し横にずらしたり、ファスナーに引きひもをつけて開閉を簡単にしたりしたデザインの服もあります。ファッションのトレンドに機能をかけ合わせることで、より多くの方におしゃれと着やすさ

すべての人が、ファッションを
もっと楽しめる社会を創る

\ インクルーシブファッションPROJECT /

Play fashion! *for* ALL

ILLUSTRATION : ATSUDA MATSUSHI

を楽しんでもらえると思っています」（深川さん）

　そんな「自分にとって着やすい服」が簡単に見つかるように「Play fashion! for ALL」サイトに入り口も設けた。

「入り口を増やしたことで、アダストリア全ブランドからどんな人でも自分に合う服を見つけやすくなりました」（大谷さん）

　また、自治体やさまざまな支援団体とコラボレーションしたり、イベントに参加したりして発信することにも挑戦。23年3月21日の「世界ダウン症の日」関連のチャリティーイベントにも参加した。

「ほかの業界の企業や団体とも交流を深めることで、さまざまな協働の可能性が広が

っています」（深川さん）

　大谷さんには印象的な障がいや病気を抱える当事者の言葉がある。――私たちは"着られる服"ではなく、みんなのように"好きな服"を着てファッションを楽しみたい。

「この言葉に、ひとりでも多くの人を笑顔にするためにファッションができることはまだまだあると感じています」（大谷さん） 🆆

アダストリア　経営企画室
シニアマネジャー
CSR／サステナビリティ担当

**深川智子**さん

ふかがわともこ ● 2005年にポイント（現アダストリア）に店舗スタッフとして新卒入社。店長・ブランドマネジャーを経て、19年より現職。グループのサステナビリティ推進に携わる。

## Point

- スピード感よりも、一人ひとりのリアルな声を傾聴する
- 常に改善点を探し続ける
- "特別なもの"をつくるわけではないと肝に銘じる

# 作業着のようなスーツか、スーツのような作業着か

# 製品化まで2年。女性の着眼点が後押しした〝新感覚ビジネスウエア〟

## OASYS Lifestyle group

ビジネスウエアのカジュアル化が浸透した今、大手アパレルメーカーもこぞって販売する「動きやすくて洗える」スーツ。このコンセプトの元祖こそオアシスライフスタイルグループが販売する「WWS（ワークウエアスーツ）」だ。社内ユニフォームの改革から始まったプロジェクトは、女性目線のアイディアがきっかけだったという——。

Text＝モトカワマリコ　Photograph＝田子芙蓉（P85、86、89）　写真提供＝オアシスライフスタイルグループ　PRESIDENT WOMAN　**83**

# "当初は「バカ言ってんじゃない」と却下するも女性目線のおもしろさを感じた"

　ワークウエアスーツ（以下WWS）開発の発端は現場のニーズだった。オアシスライフスタイルグループは水道工事が本業だが、客先での室内作業が多く、3K（きつい、汚い、カッコ悪い）のイメージが強い作業着ではなく、サービスしやすい清潔感のある制服が求められていた。制服のリニューアルはリクルート対策としても他社との差別化になると、機運が高まった。

　立ち上がった社内プロジェクトでは、現場の男性の意見が主体で、つなぎにしたいとかストリートファッションがカッコいいなど、マッチョ路線で盛り上がった。

「女性社員に意見を聞いたら、ストリート系の職人なんて怖い人を家に入れる女性はいません！と、総スカンです。女性陣の意見として出たのが、ホテルのコンシェルジュみたいなスーツスタイル。当初は現場を知らない素人の意見だと思い、即座に『バカ言ってんじゃない！　スーツで作業ができるか！』と一喝してしまいました」

## 現場目線ではない女性の発想はイノベーションに欠かせない

　同社代表の関谷有三さんは、そう却下したものの、固定観念にとらわれないこのアイディアがずっと引っかかっていたという。

「イノベーションを起こしたいなら女性の意見は聞くべきですね。予想外のおもしろい発想が出てきます。特に当社のようなベンチャーに飛び込んでくる女性は柔軟で胆が据わった人が多いんですよ」

　ジャケット＆パンツスタイルの作業着であれば、信頼感や清潔感×作業性という条件を満たす。スーツという提案は、現場慣れした男性陣からは生まれないイノベーティブな発想だった。社長の判断で、女性中心の開発チームを発足。延べ2年をかけ、初号のWWSが完成した。導入した当初は現場から猛反発があったと、開発チームメンバーの一人、横川朋美さんは振り返る。

「窮屈だ、作業に支障が出るなど反発もありましたが、数カ月で逆転。作業しやすいし、丸洗いできてケアが簡単。食事に行っても周囲と違和感がない、そのままデート

オアシス
ライフスタイルグループ
CEO
**関谷有三さん**

せきやゆうぞう ● 本業の水道事業のほか「春水堂」でタピオカブームを仕掛け、WWSでアパレル進出も遂げたヒットメーカー。「採用基準は一緒に働きたいか。性別は気にしません」

# "「水道屋がアパレル!?」。
# 固定観念を打ち破るチャレンジを続けたい"

にも行けると好評に。お客様からもスーツスタイルになったことで、社員の髪形、身だしなみ、言葉遣いまで良くなった、とお褒めの言葉をいただきました」

社内プロジェクトを事業化するきっかけは、WWSの評判を聞いた取引先の大手不動産管理会社からの引き合いだった。マンションの管理人の制服に採用したいという打診を受けたのだ。

「これは広く社会にニーズがあるのではないか、新しい市場を生む力があるのではという将来性を感じました」(関谷さん)

品質には絶対の自信があった。デザイン

オアシス ライフスタイル グループ
経営企画部
マネージャー
**横川朋美**さん
よこかわともみ ● 人事を経てWWS事業に参加、多岐にわたる業務を担当。「女性リーダーも多く何でも話せるフラットな職場です」

WWS事業部
クリエイティブディレクター
**髙橋摩美**さん
たかはしまみ ● 服飾業界を経てデザイナーとして入社後現職、ECを担当。「メディアでWWSを知り、ここだ!と転職しました」

はもちろん、機能性やケアのしやすさなど、徹底的にこだわったからだ。アパレルにはノウハウゼロの異業種だったが、生地にしても既製品では飽き足らず、ワークウエアを使う現場からのフィードバックを根拠に、納得がいくオリジナル生地をつくってくれる会社を徹底的に開拓したのだ。

「事業ではないからこそ、コストも時間も惜しみなくつぎ込み、満足できる製品が完成するまで、とことん品質を追求できたのだと考えています」(関谷さん)

## B to BからB to Cへ。
## 売り上げは10倍を記録

2017年には開発チームのメンバーで女性中心の新会社を設立した。水道工事会社のアパレル進出と、WWSの目新しさから民放のビジネス番組で特集を組まれるなど、メディアでも話題になった。メディアの影響力は大きく、当初はB to Bで法人相手のビジネスに特化していたが、個人からの問い合わせが次第に増えていった。

「宅配業者の方や、搬出入が多い生花業などの商店、ホテルマンや教師など、重労働ではないけれど軽作業があり、営業と接客を伴うような職業の方からお問い合わせが

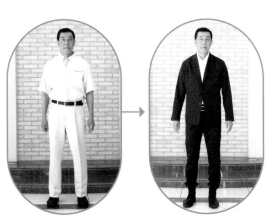

不動産管理会社の導入例。管理業務スタッフのユニフォームをスーツタイプに刷新。住人からも好評だという。

レディースのWWSも好調だそう。ジャケットはテーラードタイプとノーカラータイプの2種。スカート、パンツでセットアップも可能。ほかにイージーケアで肌触りのよいブラウスも3型開発した。

ありました。ECサイトを立ち上げて以降は、口コミで評判が広がり、百貨店やショッピングモールでのポップアップ店舗などにつながっていきました」（横川さん）

## 強みは、現場の知見。
## 勝因は他社にないリサーチ力

　その後、全国の百貨店などに実店舗を展開。革新的ブランドとしての認知を広めていく。そして20年のコロナ禍以降、スーツ業界が苦境の中、売り上げは10倍に。

　服飾業界から転職し、現在WWSのデザインを総括するディレクターの髙橋摩美さんも、この躍進ぶりは予想外だったそうだ。

　「リモートワークなど、働き方に大きなパラダイムシフトが起きる中で、着心地がよく、家で洗えて感染防止対策にもなるWWSは、日常的にスーツを着ていたビジネスマン層に波及しました。スーツ市場に逆風が吹く中、大手アパレル各社が洗えて動きやすいスーツに注目し、市場自体がどんどん拡大しています」（髙橋さん）

　競合が増えていく中、強みは現場の存在だという。あくまで〝水道屋目線〟での作業性や

農家、造園、酒造、自動車整備、ホテルなど、WWSの導入企業は多種多様に広がっている。働く現場を知り尽くしているからこそ、かゆいところに手が届く機能が現場の人々に支持されている。

# 〝働く人をじっくり観察して、「こんなのがあったらどう?」を企画していく〟

機能性を吸い上げて新製品を企画する。事業化した今も、実際に着る人、働く人に寄り添い、ビジネスを度外視して開発する姿勢は変わらない。

「作業着が現場でどう使われるかというリサーチの部分で、他の追従を許さない自信があります。水道工事の現場で実際にWWSを着用し、作業して、毎日洗っても2年もつことを実証しています」(関谷さん)

## 新たなアイディアで働き方と業界改革をめざす

スーツから始まったWWS事業だが、次のターゲットは靴だという。すでにリリースした〝かかとが踏める革靴〟も、「こんな靴があったらいいよね」という現場の声から生まれ、クラウドファンディングでビジネスシューズ部門の最高金額を調達した。次は洗濯機で丸洗いできる全天候型の〝洗える白スニーカー〟を発売する。

新たに開発し、クラウドファンディングで発表した「洗えるスニーカー」。雨の日でも躊躇なく履ける白スニーカーをめざした。

スニーカー市場は競争が激しく新規参入は難しい。しかし、独自の開発力でヒットにつなげたいと意気込む。「前例がないアイディアがヒットの勝因。製品のヒットだけじゃなく、新しい市場を開拓して、働き方や業界そのものを変革していきたい」と関谷さんの思いは熱い。

働く人を思うケア発想と、採算度外視で徹底追求する現場クオリティー。WWSを支えるイノベーションの本質はそこにある。　w

---

## Point

- イノベーティブな発想をおもしろがる
- 業種にとらわれずアイディアをカタチに
- 開発の強みは〝現場の知見〟

# PRESIDENT WOMAN

## 2023年春より

## *Leader's Salon* スタート！

「プレジデント ウーマン」では、2020年に大ヒットしたコラボバッグを皮切りに、読者の皆さまの意見を伺いながら、キャリア女性が使いやすくておしゃれなファッションアイテム「理想のお仕事シリーズ」の商品開発および販売を手掛けてきました。どのアイテムも「こんな商品が欲しかった」と、予想を超える反響をいただき、編集部としても、日本においてキャリア女性たちが本当に必要とする商品やサービスが、なかなか生まれにくい現実をあらためて実感いたしました。最大の理由は日本企業に、決定権を持つ女性管理職があまりに少ないことでしょう。

そこで、読者の女性リーダーたちと一緒に、女性たちのリアルな声を企業と社会に届け、ファッション以外にも美容、健康、住まい、旅など、働く女性たちが本当に使いやすい商品やサービスを開発支援していきたいと考えています。23年3月現在ですでに、オンライン経由で400人ほどのメンバーが集まっていますが、「女性目線」で日本と世界を変える商品やサービスを開発することに興味がある、女性役職者・管理職の方々はぜひ、ご参加ください。

一緒に、女性が働きやすく生きやすい社会をつくっていきましょう！

### ご登録条件

・企業における役職者・管理職の女性（経営層含む）で、女性の目線による商品・サービス開発（ファッション、美容、健康、旅、住まいなど）に興味がある方
・登録料、会費は無料です（イベントに参加される場合、内容によって実費をいただくことがございます）

ご登録は
こちらから

2021年、ポール・スチュアートとのコラボコート開発のための座談会風景（東京・千代田区のプレジデント社にて）。

業界別
1000人ホンネ
調査！

# 育休・時短の長さから
# 風土、昇進意欲まで

# ゆるキャリ天国

# VS

# 本当に女性が輝く企業

育休・短時間（時短）勤務の制度と実態、みんなのホンネを業界別に大調査。

期間はどのくらいが妥当なの？ 取得期間と昇進意欲の関係は？

働く男女約1000人へのアンケート結果から、

これからの育休・時短勤務制度と働き方について

ジャーナリストの白河桃子さんと一緒に考えます。

**調査概要**
「プレジデント」「プレジデント ウーマン」のメルマガ登録者を対象にオンラインアンケートを実施。
実施期間：2023年1月26〜31日
有効回答者数：20〜59歳の男女約1000人（育休・時短勤務関連以外の設問は60代以上も含む）

# 育休を目一杯とる傾向が強いのは？

## 「長く休める」だけの施策は意欲低下の原因にも

　現在、日本の育児休業は最長で子どもが2歳になるまで延長できるようになっている。これは法定期間であることから、今回の調査でも会社の制度上の取得可能期間は「出産日から2年まで」がほとんどの業界で最多となった（図2）。

　では、実際の取得期間はどのくらいなのだろうか。もっとも多いのは6カ月以上〜1年未満だが、それ以上取得する人の割合が高い業界もあり、全体的には皆、長めに取得している様子がうかがえる。女性活躍施策に詳しい白河桃子さんは、この原因を「心理学で言う"予言の自己成就"が働いた結果ではないか」と分析する。

「例えば、女性は昇進意欲がないと言われ続けると、実際は事実ではないのに本人がそう思い込むようになってしまう。育休取

〈教えてくれた人〉
相模女子大学大学院特任教授
ジャーナリスト

**白河桃子**さん

しらかわとうこ ● 1961年生まれ。「働き方改革実現会議」など政府の政策策定に参画。婚活、妊活の提唱者。『働かないおじさんが御社をダメにする』（PHP研究所）など著書多数。

**1** あなたは育児休暇制度を利用したことがありますか？

「ある」と答えた人の男女別割合

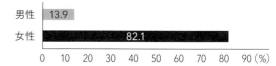

育休の取得経験者は女性が圧倒的多数。「ある」と答えた人の割合は男性の6倍近くにのぼっている。

得者には女性が圧倒的に多いわけですから、そうした環境が『どうせ昇進する気もないし目一杯休もう』と長めの取得に向かわせてしまっている可能性があります」

　そもそも育休制度は、出産後の女性の離職を防ぐためにつくられたもの。これに対しては効果があり、今では出産を理由に退職する女性はかなり減っている。当初の目的はすでに果たしたと言えるだろう。

「最近は、育休を目一杯使う人の業務をどうカバーするか悩む企業が増えています。こうした状況を打破するためにも、企業はもう育休からの早期復帰を支援する段階に進むべきです。長く休んでいいよという施策だけでは、期待されていないと感じて意欲を失ってしまう社員が増えかねません」

　復帰しづらい事情がある人は別として、そうでない人には早めに復帰できるような支援策を用意する。今後、企業にはそうした人事戦略が求められそうだ。

## 2 あなたの会社の制度上の育休取得可能期間（1回につき）を教えてください。

■制度がない　■出産日から2年まで（法定と同じ）　□3年まで　■3年超　□わからない・その他

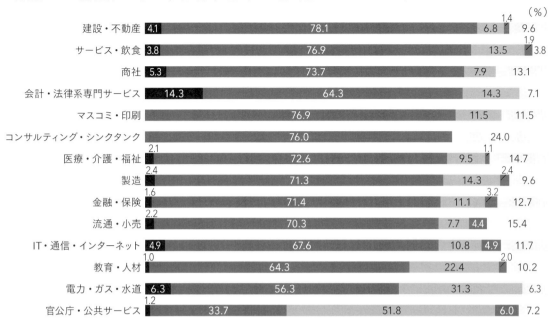

| 業種 | 制度がない | 出産日から2年まで | 3年まで | 3年超 | わからない・その他 |
|---|---|---|---|---|---|
| 建設・不動産 | 4.1 | 78.1 | 6.8 | 1.4 | 9.6 |
| サービス・飲食 | 3.8 | 76.9 | 13.5 | 1.9 | 3.8 |
| 商社 | 5.3 | 73.7 | 7.9 | | 13.1 |
| 会計・法律系専門サービス | 14.3 | 64.3 | 14.3 | | 7.1 |
| マスコミ・印刷 | | 76.9 | 11.5 | | 11.5 |
| コンサルティング・シンクタンク | | 76.0 | | | 24.0 |
| 医療・介護・福祉 | 2.1 | 72.6 | 9.5 | 1.1 | 14.7 |
| 製造 | 2.4 | 71.3 | 14.3 | 2.4 | 9.6 |
| 金融・保険 | 1.6 | 71.4 | 11.1 | 3.2 | 12.7 |
| 流通・小売 | 2.2 | 70.3 | 7.7 | 4.4 | 15.4 |
| IT・通信・インターネット | 4.9 | 67.6 | 10.8 | 4.9 | 11.7 |
| 教育・人材 | 1.0 | 64.3 | 22.4 | 2.0 | 10.2 |
| 電力・ガス・水道 | 6.3 | 56.3 | 31.3 | | 6.3 |
| 官公庁・公共サービス | 1.2 | 33.7 | 51.8 | 6.0 | 7.2 |

制度上の期間で多いのは「2年まで」、次いで「3年まで」だが、官公庁・公共サービスではこの割合が逆転。

## 3 子ども1人につき育休期間はどのくらい取得しましたか？

（複数回答／女性は産前産後休暇期間を含まず）

■1カ月未満　■1カ月以上～3カ月未満　□3カ月以上～6カ月未満　□6カ月以上～1年未満　□1年以上～2年未満　■2年以上～3年未満　■3年以上

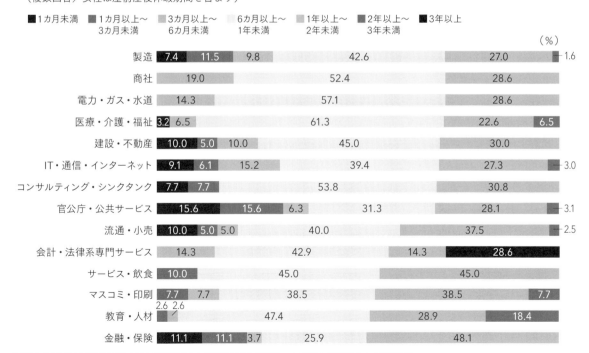

| 業種 | 1カ月未満 | 1カ月以上～3カ月未満 | 3カ月以上～6カ月未満 | 6カ月以上～1年未満 | 1年以上～2年未満 | 2年以上～3年未満 | 3年以上 |
|---|---|---|---|---|---|---|---|
| 製造 | 7.4 | 11.5 | 9.8 | 42.6 | 27.0 | | 1.6 |
| 商社 | | | 19.0 | 52.4 | 28.6 | | |
| 電力・ガス・水道 | | | 14.3 | 57.1 | 28.6 | | |
| 医療・介護・福祉 | 3.2 | 6.5 | | 61.3 | 22.6 | | 6.5 |
| 建設・不動産 | 10.0 | 5.0 | 10.0 | 45.0 | 30.0 | | |
| IT・通信・インターネット | 9.1 | 6.1 | 15.2 | 39.4 | 27.3 | | 3.0 |
| コンサルティング・シンクタンク | 7.7 | 7.7 | | 53.8 | 30.8 | | |
| 官公庁・公共サービス | 15.6 | 15.6 | 6.3 | 31.3 | 28.1 | | 3.1 |
| 流通・小売 | 10.0 | 5.0 | 5.0 | 40.0 | 37.5 | | 2.5 |
| 会計・法律系専門サービス | | | 14.3 | 42.9 | 14.3 | 28.6 | |
| サービス・飲食 | | | 10.0 | 45.0 | 45.0 | | |
| マスコミ・印刷 | 7.7 | 7.7 | | 38.5 | 38.5 | | 7.7 |
| 教育・人材 | 2.6 | 2.6 | | 47.4 | 28.9 | 18.4 | |
| 金融・保険 | 11.1 | 11.1 | 3.7 | 25.9 | 48.1 | | |

金融・保険業界では、制度上2年までのところを1年以上～2年未満取得する人が多い。

※グラフは小数点第2位以下四捨五入のため、合計が100％にならないものがあります。

# フルタイム復帰に時間がかかる業界は?

## 長期の時短勤務が引き起こす意外な問題とは

育休をとった後、そのまま時短勤務に入る人も多い。これは、しばらくはフルタイム勤務が難しいという場合、勤務時間を短縮できる制度で法定では子どもが3歳になるまでとされている。法定以上の期間を取得可能とするかどうかは運用側に任されている。

今回の調査では、制度上の時短勤務可能期間も社内の平均取得期間も「3歳になるまで」「小学生になるまで」という回答がもっとも多かった(図5・6)。しかし、一部の業界では、制度上の期間が「中学校卒業まで」、平均取得期間が「小6まで」とい

う回答も存在している。

一見、長く取得できるほど両立しやすいいい会社のように思えるが、白河さんは「女性の場合、時短勤務が長引くほど家庭内での家事育児が妻の役割として固定化され、かえってフルタイム復帰を難しくしてしまう」と指摘する。時短勤務をしているのだからと、夫が家事育児を妻に丸投げする——。このように、長期の時短勤務は家庭内ジェンダー不平等を引き起こす原因にもなるのだ。

逆に平均取得期間が「1歳まで」と短い人の割合はIT・通信・インターネット業界が11.8%でトップ。この業界は制度上は「小学校卒業まで」が最多だが、それよりも早めにフルタイム勤務に復帰する人も少なくないようだ。「時短勤務期間が短い企業は、女性活躍も進んでいる傾向にある」と白河さん。

「両立をさらに支援しようと時短制度の拡充を検討する企業もありますが、それは女性活躍には逆効果。時短が長引くほど家庭での負担が増え、仕事への意欲も経験を積む機会も失われていきます。企業は、女性が早期にフルタイム復帰できるような支援制度設計や環境づくりをめざしてほしいと思います」(白河さん)

**4** ここ3、4年ほどで社内の(育児)
時短勤務者の割合に変化はありましたか?

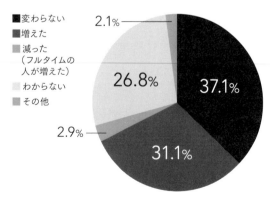

■ 変わらない
■ 増えた
■ 減った(フルタイムの人が増えた)
■ わからない
■ その他

2.1%
37.1%
26.8%
31.1%
2.9%

ここ3、4年、各企業における時短勤務者の割合は増えこそすれほとんど減っていないことがわかる。

**5** あなたの会社で定められている、育休復帰後の時短勤務可能期間を教えてください。

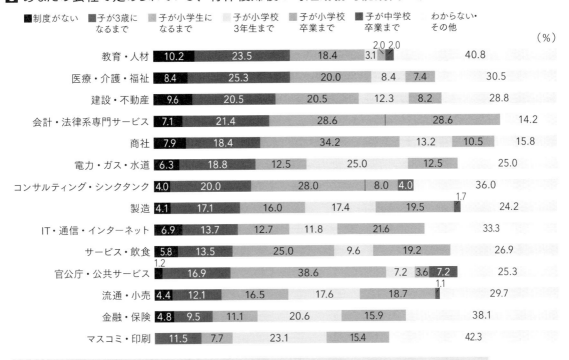

凡例：
■制度がない　■子が3歳になるまで　■子が小学生になるまで　子が小学校3年生まで　子が小学校卒業まで　■子が中学校卒業まで　わからない・その他

（％）

| 業界 | 制度がない | 子が3歳になるまで | 子が小学生になるまで | 子が小学校3年生まで | 子が小学校卒業まで | 子が中学校卒業まで | わからない・その他 |
|---|---|---|---|---|---|---|---|
| 教育・人材 | 10.2 | 23.5 | 18.4 | 3.1 | 2.0 | 2.0 | 40.8 |
| 医療・介護・福祉 | 8.4 | 25.3 | 20.0 | 8.4 | 7.4 | | 30.5 |
| 建設・不動産 | 9.6 | 20.5 | 20.5 | 12.3 | 8.2 | | 28.8 |
| 会計・法律系専門サービス | 7.1 | 21.4 | 28.6 | | 28.6 | | 14.2 |
| 商社 | 7.9 | 18.4 | 34.2 | 13.2 | 10.5 | | 15.8 |
| 電力・ガス・水道 | 6.3 | 18.8 | 12.5 | 25.0 | 12.5 | | 25.0 |
| コンサルティング・シンクタンク | 4.0 | 20.0 | 28.0 | 8.0 | 4.0 | | 36.0 |
| 製造 | 4.1 | 17.1 | 16.0 | 17.4 | 19.5 | 1.7 | 24.2 |
| IT・通信・インターネット | 6.9 | 13.7 | 12.7 | 11.8 | 21.6 | | 33.3 |
| サービス・飲食 | 5.8 | 13.5 | 25.0 | 9.6 | 19.2 | | 26.9 |
| 官公庁・公共サービス | 1.2 | 16.9 | 38.6 | 7.2 | 3.6 | 7.2 | 25.3 |
| 流通・小売 | 4.4 | 12.1 | 16.5 | 17.6 | 18.7 | 1.1 | 29.7 |
| 金融・保険 | 4.8 | 9.5 | 11.1 | 20.6 | 15.9 | | 38.1 |
| マスコミ・印刷 | 11.5 | 7.7 | 23.1 | 15.4 | | | 42.3 |

制度が法定の「3歳になるまで」という企業は、医療・介護・福祉業界、次いで教育・人材業界で多い。

**6** 社内で（育児）時短勤務を取得している人の平均期間はどのくらいですか？

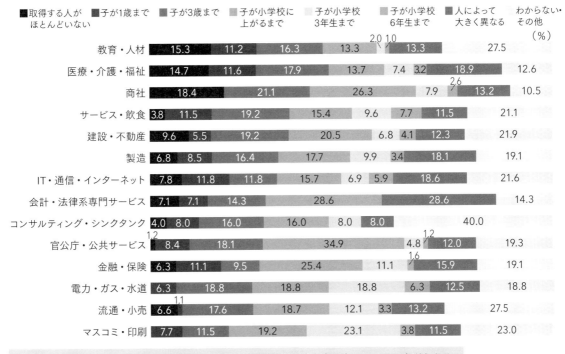

凡例：
■取得する人がほとんどいない　■子が1歳まで　■子が3歳まで　子が小学校に上がるまで　子が小学校3年生まで　子が小学校6年生まで　■人によって大きく異なる　わからない・その他

（％）

| 業界 | 取得する人がほとんどいない | 子が1歳まで | 子が3歳まで | 子が小学校に上がるまで | 子が小学校3年生まで | 子が小学校6年生まで | 人によって大きく異なる | わからない・その他 |
|---|---|---|---|---|---|---|---|---|
| 教育・人材 | 15.3 | 11.2 | 16.3 | 13.3 | 2.0 | 1.0 | 13.3 | 27.5 |
| 医療・介護・福祉 | 14.7 | 11.6 | 17.9 | 13.7 | 7.4 | 3.2 | 18.9 | 12.6 |
| 商社 | 18.4 | 21.1 | 26.3 | 7.9 | 2.6 | | 13.2 | 10.5 |
| サービス・飲食 | 3.8 | 11.5 | 19.2 | 15.4 | 9.6 | 7.7 | 11.5 | 21.1 |
| 建設・不動産 | 9.6 | 5.5 | 19.2 | 20.5 | 6.8 | 4.1 | 12.3 | 21.9 |
| 製造 | 6.8 | 8.5 | 16.4 | 17.7 | 9.9 | 3.4 | 18.1 | 19.1 |
| IT・通信・インターネット | 7.8 | 11.8 | 11.8 | 15.7 | 6.9 | 5.9 | 18.6 | 21.6 |
| 会計・法律系専門サービス | 7.1 | 7.1 | 14.3 | 28.6 | | | 28.6 | 14.3 |
| コンサルティング・シンクタンク | 4.0 | 8.0 | 16.0 | 16.0 | 8.0 | 8.0 | | 40.0 |
| 官公庁・公共サービス | 1.2 | 8.4 | 18.1 | 34.9 | 4.8 | 1.2 | 12.0 | 19.3 |
| 金融・保険 | 6.3 | 11.1 | 9.5 | 25.4 | 11.1 | 1.6 | 15.9 | 19.1 |
| 電力・ガス・水道 | 6.3 | 18.8 | 18.8 | 18.8 | 6.3 | | 12.5 | 18.8 |
| 流通・小売 | 6.6 | 1.1 | 17.6 | 18.7 | 12.1 | 3.3 | 13.2 | 27.5 |
| マスコミ・印刷 | 7.7 | 11.5 | 19.2 | 23.1 | 3.8 | | 11.5 | 23.0 |

制度が「3歳まで」の企業が多い業界では、1歳までに復帰する人も多くなっていることがわかる。

# 女性や若手の登用が進んでいるのは？

## 女性管理職０％企業は商社で最多に

　育休・時短制度を上手に使いながら仕事への意欲も維持していくためには、組織風土も重要だ。取得者に女性や20〜30代が多い現状を踏まえると、そうした人たちがリーダー職に登用されにくい風土は、早期復帰への意欲を失わせる一因にもなる。

　日本では、2022年の女性管理職割合は平均9.4％と過去最高を更新。今回の調査でももっとも多い回答は「５〜10％未満」、次いで「１〜３％未満」だった（図7）。同時に、どの業界にもまだ"女性管理職０％企業"が存在していることがわかる。

　こうした企業の割合が15.8％ともっとも高かったのが商社だ。もともと総合職に女性が少なく、男性社会のイメージが強い業界。近年は女性の採用や育成に本腰を入れているが、管理職登用にまで至っているところは少ないようだ。そして、政府がめざす30％以上を達成しているという回答はゼロ。これは図中の14業界では唯一だ。商社のほか建設・不動産、製造の各業界も女性管理職比率が低く、１〜３％未満という回答がおよそ４割を占めている。

　一方、女性管理職比率30％以上は医療・介護・福祉業界が４割超とダントツ。この業界は総務省が「女性が多く、女性登用も比較的進んでいる」と評価しているが、そのとおりの結果となった。

## 若手の抜擢度から見える能力重視 or 年功序列

　次に20〜30代前半の社員の抜擢度を見てみよう（図8）。この年代がリーダー職に抜擢されることが「ある」「優秀な人ならある」という回答ではコンサルティング・シンクタンク、会計・法律系専門サービス、IT・通信・インターネット業界がトップ３に。年齢より能力を重視する傾向が強いようだ。

　逆に「あまりない」「まったくない」のトップ３は、官公庁・公共サービス、建設・不動産、製造業界。抜擢の際に勤続年数や経験値を重視する、あるいは年功序列の風土が残っているさまがうかがえる。

「今は多様性の実現をめざす企業も多いはず。それなら、まず土台として多様な働き方を受け入れる風土があるべきです。日本では、育休や時短などで"一時的にいない、または労働時間が短い人"に評価がつきにくい傾向が。これもライフイベントとキャリアの両立を難しくしています」（白河さん）

**7** あなたの会社の女性管理職比率を教えてください。

■0% ■1〜3%未満 ■5〜10%未満 ■10〜15%未満 ■15〜20%未満 ■20〜30%未満 ■30%以上

（%）

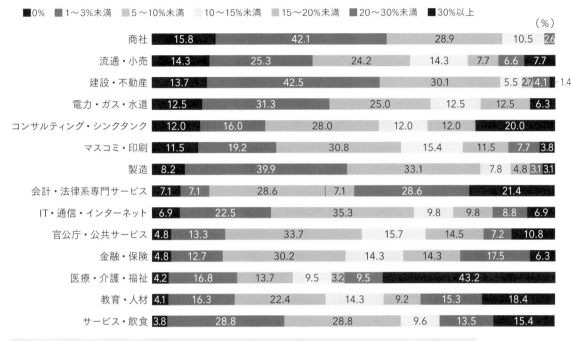

| 業種 | 0% | 1〜3%未満 | 5〜10%未満 | 10〜15%未満 | 15〜20%未満 | 20〜30%未満 | 30%以上 |
|---|---|---|---|---|---|---|---|
| 商社 | 15.8 | 42.1 | 28.9 | 10.5 | 2.6 | | |
| 流通・小売 | 14.3 | 25.3 | 24.2 | 14.3 | 7.7 | 6.6 | 7.7 |
| 建設・不動産 | 13.7 | 42.5 | 30.1 | 5.5 | 2.7 | 4.1 | 1.4 |
| 電力・ガス・水道 | 12.5 | 31.3 | 25.0 | 12.5 | 12.5 | 6.3 | |
| コンサルティング・シンクタンク | 12.0 | 16.0 | 28.0 | 12.0 | 12.0 | 20.0 | |
| マスコミ・印刷 | 11.5 | 19.2 | 30.8 | 15.4 | 11.5 | 7.7 | 3.8 |
| 製造 | 8.2 | 39.9 | 33.1 | 7.8 | 4.8 | 3.1 | 3.1 |
| 会計・法律系専門サービス | 7.1 | 7.1 | 28.6 | 7.1 | 28.6 | 21.4 | |
| IT・通信・インターネット | 6.9 | 22.5 | 35.3 | 9.8 | 9.8 | 8.8 | 6.9 |
| 官公庁・公共サービス | 4.8 | 13.3 | 33.7 | 15.7 | 14.5 | 7.2 | 10.8 |
| 金融・保険 | 4.8 | 12.7 | 30.2 | 14.3 | 14.3 | 17.5 | 6.3 |
| 医療・介護・福祉 | 4.2 | 16.8 | 13.7 | 9.5 | 3.2 | 9.5 | 43.2 |
| 教育・人材 | 4.1 | 16.3 | 22.4 | 14.3 | 9.2 | 15.3 | 18.4 |
| サービス・飲食 | 3.8 | 28.8 | 28.8 | 9.6 | 13.5 | 15.4 | |

全国平均の9.4%を上回る企業も少なくないが、政府がめざす30%にはまだ程遠い現状が見てとれる。

**8** あなたの会社では20〜30代前半の若手社員がリーダーや管理職に抜擢されることはありますか？

■ある ■優秀な人ならある ■あまりない ■まったくない ■わからない

（%）

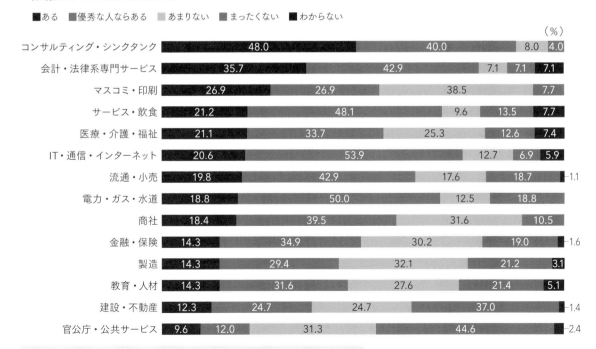

| 業種 | ある | 優秀な人ならある | あまりない | まったくない | わからない |
|---|---|---|---|---|---|
| コンサルティング・シンクタンク | 48.0 | 40.0 | 8.0 | 4.0 | |
| 会計・法律系専門サービス | 35.7 | 42.9 | 7.1 | 7.1 | 7.1 |
| マスコミ・印刷 | 26.9 | 26.9 | 38.5 | | 7.7 |
| サービス・飲食 | 21.2 | 48.1 | 9.6 | 13.5 | 7.7 |
| 医療・介護・福祉 | 21.1 | 33.7 | 25.3 | 12.6 | 7.4 |
| IT・通信・インターネット | 20.6 | 53.9 | 12.7 | 6.9 | 5.9 |
| 流通・小売 | 19.8 | 42.9 | 17.6 | 18.7 | 1.1 |
| 電力・ガス・水道 | 18.8 | 50.0 | 12.5 | 18.8 | |
| 商社 | 18.4 | 39.5 | 31.6 | 10.5 | |
| 金融・保険 | 14.3 | 34.9 | 30.2 | 19.0 | 1.6 |
| 製造 | 14.3 | 29.4 | 32.1 | 21.2 | 3.1 |
| 教育・人材 | 14.3 | 31.6 | 27.6 | 21.4 | 5.1 |
| 建設・不動産 | 12.3 | 24.7 | 24.7 | 37.0 | 1.4 |
| 官公庁・公共サービス | 9.6 | 12.0 | 31.3 | 44.6 | 2.4 |

若手社員を積極的に抜擢しているのは、比較的専門性が高い業種に多い。

# 男性中心の風土が根強い業界は？

## 女性社員の視点や意見は反映されやすいか

　組織に多様性をもたらすには、年齢も性別もさまざまな人が力を発揮できる環境が不可欠だろう。だが日本には、今も男性中心で動いている組織も少なくない。そうした組織はどんな業界に多いのだろうか。

　今回の調査で、社内で女性の視点や意見が反映されやすいかどうかを聞いた結果、どの業界でも「まあまあ反映されやすい」が多くを占めた（図9）。女性管理職が多い医療・介護・福祉業界や、比較的専門性が高い業界だけでなくマスコミ・印刷、金融・保険などの業界でも、女性だから意見が反映されないというようなことは少なくなっているようだ。

　しかし、まったく逆の傾向が見てとれる業界もある。例えば商社では「大いに反映されやすい」という回答はゼロ。「あまり反映されない」と「まったく反映されない」を足した合計値も全体の過半数に達している。この値は、製造、建設・不動産の2業界もおよそ35％と高い。

　では、なぜ女性の意見が反映されにくいのだろうか。「あまり反映されない」「まったく反映されない」と答えた人に理由を選択してもらったところ、もっとも多かったのは「男性中心の風土」という回答だった。こうした風土が今も続いている組織に対し、白河さんは「昭和の男性OS（＝古い働き方、評価など）で動いている」と指摘する。

## 古い働き方や評価制度はそろそろリセットを

　「働き方や評価制度が、昭和の成功体験をもとにした古い男性OSに基づいている組織では、女性はどうしても不利になります。長時間働ける人や休まない人が評価されがちですし、時短の人は出られない時間帯の会議や酒席、喫煙室などで情報共有や意思決定が行われることもしばしば。これでは女性、特に育休・時短取得者が『私にはキャリアアップは無理なんだな』とあきらめてしまっても不思議ではありません」

　日本の女性管理職比率がなかなか上がらない理由については、本人が管理職になりたがらないからという意見もある。だが、白河さんは「なぜそうなのか、その原因を考えるべき」という。

　「女性の意欲を上げたいなら、制度をつくるだけ、励ますだけではだめです。女性活躍は、仕事と家庭を無理なく両立するための働き方改革や、古い男性OSをアンインストールするための風土改革とセットで進める必要があるのです」

**9** あなたの会社では、手掛けているビジネスやマネジメント、
コミュニケーション方法などにおいて、女性社員の視点や意見は反映されやすいですか？

■大いに反映　■まあまあ反映　■あまり反映　　■まったく反映　■女性社員が　■わからない・
　されやすい　　されやすい　　されない　　　　されない　　　いない　　　その他
（%）

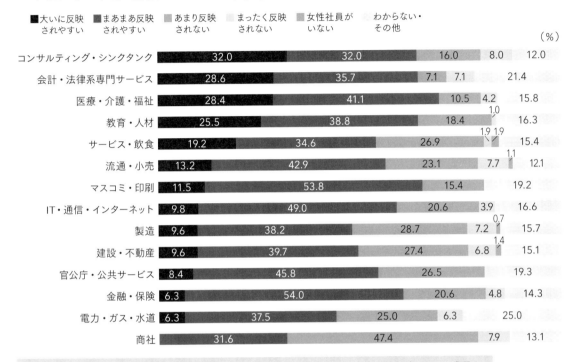

| 業界 | 大いに反映されやすい | まあまあ反映されやすい | あまり反映されない | まったく反映されない | 女性社員がいない | わからない・その他 |
|---|---|---|---|---|---|---|
| コンサルティング・シンクタンク | 32.0 | 32.0 | 16.0 | 8.0 | | 12.0 |
| 会計・法律系専門サービス | 28.6 | 35.7 | 7.1 | 7.1 | | 21.4 |
| 医療・介護・福祉 | 28.4 | 41.1 | 10.5 | 4.2 | | 15.8 |
| 教育・人材 | 25.5 | 38.8 | 18.4 | 1.0 | | 16.3 |
| サービス・飲食 | 19.2 | 34.6 | 26.9 | 1.9 | 1.9 | 15.4 |
| 流通・小売 | 13.2 | 42.9 | 23.1 | 7.7 | 1.1 | 12.1 |
| マスコミ・印刷 | 11.5 | 53.8 | 15.4 | | | 19.2 |
| IT・通信・インターネット | 9.8 | 49.0 | 20.6 | 3.9 | | 16.6 |
| 製造 | 9.6 | 38.2 | 28.7 | 7.2 | 0.7 | 15.7 |
| 建設・不動産 | 9.6 | 39.7 | 27.4 | 6.8 | 1.4 | 15.1 |
| 官公庁・公共サービス | 8.4 | 45.8 | 26.5 | | | 19.3 |
| 金融・保険 | 6.3 | 54.0 | 20.6 | 4.8 | | 14.3 |
| 電力・ガス・水道 | 6.3 | 37.5 | 25.0 | 6.3 | | 25.0 |
| 商社 | | 31.6 | 47.4 | 7.9 | | 13.1 |

「反映されやすい」が過半数の業界が多い一方で、男性中心の風土がくっきりと浮かび上がった業界も。

女性社員の視点や意見が
反映されない理由は？

**1位 男性中心の風土** 43.6%
2位 女性管理職の少なさ 28.7%
3位 女性社員の少なさ 16.0%
4位 男性の自己主張の強さ 3.9%
5位 女性の自己主張の弱さ 1.3%

## Point

昭和の「男性OS」で動いている組織では
女性は先のキャリアを描きにくくなってしまいます。

（白河さん）

# 時短期間への考えや両立へのためらいは？

## 制度は整っているが復帰には課題も

　今回は、時短取得可能期間への意見や、取得や両立に対する罪悪感についても調査。企業で働く人々が実際にどう感じているのか、多くの本音が寄せられた。

　まず、会社の制度上の時短取得可能期間については「妥当」という回答が半数近くに上った（図10）。「短い」は約20％、「長い」は約3％とかなりの少数派。感じ方は取得可能期間や家庭の事情、育児に対する思いなどによっても変わってくるだろうが、キャリアとの両立を考えるとおおむね妥当と受け取っている人が多いようだ。

　「短い」と感じている場合、制度はあっても実際は取得しにくいという可能性もある。時短勤務に関する会社の環境についても調査したところ、「制度どおり該当者は全期間取得できる」が約55％でトップだった。ただ、「女性は取得しやすいが男性は取得しにくい」も4割近くあり、性別に関係なく取得できるはずの時短勤務に男女差がある企業も少なくないことがわかる。

　また、「フルタイムで戻りたい人が残業などが多く時短にせざるをえない環境」という回答も約13％。フルタイム＝残業OK

と見なす風土が時短勤務を長引かせているさまもうかがえる。さらに「意欲的な人は早くフルタイムに戻れるように会社がシッターなどの制度を用意している」は約6％。時短からの早期復帰支援策を整備している企業は、まだほとんどないようだ。

## 時短の取得や両立にためらいを感じる人が過半数

　育休・時短の取得や、育児をしながら働くことにためらいや罪悪感を感じる人も多い。「大いにある」「少しある」という回答の合計は、取得に対しては約68％（図11）、育児をしながら働くことに対しては約64％（図12）だった。理由としては「フルタイムの人にしわ寄せがいく」「仕事も育児も中途半端になる」などの回答が目立ったが、なかには「管理職に妻が専業主婦だった男性が多く理解が足りない」と嘆く女性も。男は仕事、女は家庭という昭和の男性OSが、取得や両立そのものにためらいを感じさせてしまっている企業もあるようだ。

　ためらいが「まったくない」という人も、それぞれ30％前後と少なくはない。もちろんこれはいいことだが、そのぶん子どもがいない人の負担が増えていないか、企業はしっかりチェックする必要があるだろう。

**10** 会社の制度で定められた時短取得可能期間についてどう思いますか?

■短い ■妥当 ■長い ■わからない ■その他

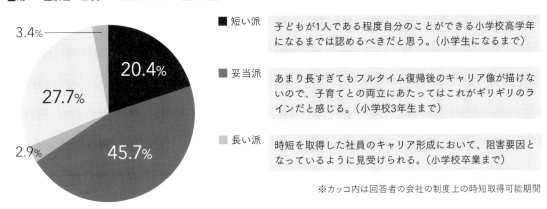

■ **短い派** 子どもが1人である程度自分のことができる小学校高学年になるまでは認めるべきだと思う。(小学生になるまで)

■ **妥当派** あまり長すぎてもフルタイム復帰後のキャリア像が描けないので、子育てとの両立にあたってはこれがギリギリのラインだと感じる。(小学校3年生まで)

■ **長い派** 時短を取得した社員のキャリア形成において、阻害要因となっているように見受けられる。(小学校卒業まで)

※カッコ内は回答者の会社の制度上の時短取得可能期間

**11** 育休・時短勤務を取得することにためらいや罪悪感を感じたことはあります(ありました)か?

■大いにある ■少しある ■まったくない ■わからない・その他

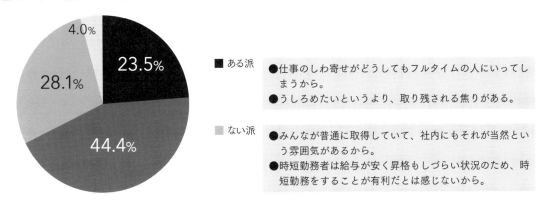

■ **ある派**
●仕事のしわ寄せがどうしてもフルタイムの人にいってしまうから。
●うしろめたいというより、取り残される焦りがある。

■ **ない派**
●みんなが普通に取得していて、社内にもそれが当然という雰囲気があるから。
●時短勤務者は給与が安く昇格もしづらい状況のため、時短勤務をすることが有利だとは感じないから。

**12** 育児をしながら働くことについてためらいや罪悪感を感じた(感じる)ことはありますか?

■大いにある ■少しある ■まったくない ■わからない・その他

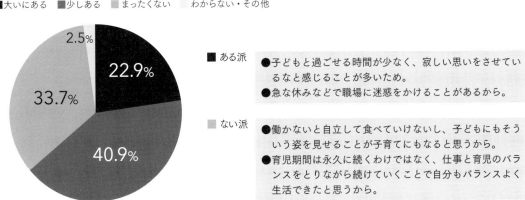

■ **ある派**
●子どもと過ごせる時間が少なく、寂しい思いをさせているなと感じることが多いため。
●急な休みなどで職場に迷惑をかけることがあるから。

■ **ない派**
●働かないと自立して食べていけないし、子どもにもそういう姿を見せることが子育てにもなると思うから。
●育児期間は永久に続くわけではなく、仕事と育児のバランスをとりながら続けていくことで自分もバランスよく生活できたと思うから。

# 取得期間とモチベーションの関係は？

## 育休期間3年以上で「管理職をめざしたい」がゼロに

育休や時短勤務の取得期間は、昇進意欲にどんな影響をおよぼすのだろうか。図13は、子ども1人につき取得した育休期間（女性は産前産後休暇を含まず）、管理職や上のポジションをめざしたいかどうか、この2つの設問への回答をクロス集計したものだ。

これを見ると、育休の取得期間が長くなるほど「めざしたい」と答える人の割合が低下していることがわかる。1年以上～2年未満でやや持ち直しているものの、取得期間が3年以上になると「めざしたい」「機会があればめざしたい」「スキルや能力があればめざしたい」の割合はゼロにまで落ち込んだ。

「めざしたくない」という回答の内訳も見てみよう。育休期間が1カ月以上～6カ月未満では13％前後で推移しているが、これが6カ月以上になると30％以上に増加。

3年以上では「めざしたくない」と「わからない」が半分ずつという結果になった。

社内の時短勤務取得者の平均期間と、今後の働き方に関する考え方との関係についても調査を行った。後者は、用意された選択肢から自分の考えに当てはまるものを複数選ぶ形になっている。全15個の選択肢のうち、今回は特に2つの選択肢に注目して集計した。

1つ目は「ゆるく、責任なく、長く働き続けたい」。社内の時短平均期間が1歳までから小3までではそれほど大きな変化はないが、小6までになるとこの選択肢を選ぶ人が20％に達した。

2つ目は「時短で子育てしながら管理職もめざしたい」。この割合は、時短平均期間が長くなるほど増加する傾向にあるが、小6までになると突然0％に。社内の時短平均期間が小6までという企業には、管理職をめざさない「ゆるキャリ志向」の人が多いのではと推測できる。

---

**■ 管理職をめざしたいワケ**

上位職になったほうが、自身のプランを通しやすく仕事がしやすいと思う。

子育てを楽しみながらキャリアアップできることを示し、これからを担う若者たちに希望を持ってもらいたいから。

**■ 管理職をめざしたくないワケ**

上司を見ていると、同程度にストイックに働き続けられるか自信がない。

一般従業員に対する管理職からのサポートはあるが、管理職に対する会社経営層からのサポートがないから。

**13** あなた自身は、管理職（管理職の方は今より上のポジション）をめざしたいですか？

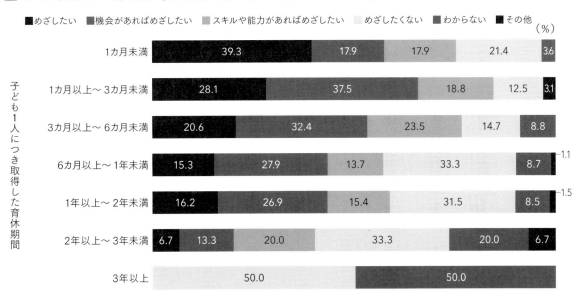

■めざしたい　■機会があればめざしたい　スキルや能力があればめざしたい　めざしたくない　わからない　■その他　（%）

子ども1人につき取得した育休期間

| | めざしたい | 機会があればめざしたい | スキルや能力があればめざしたい | めざしたくない | わからない | その他 |
|---|---|---|---|---|---|---|
| 1カ月未満 | 39.3 | 17.9 | 17.9 | 21.4 | | 3.6 |
| 1カ月以上〜3カ月未満 | 28.1 | 37.5 | 18.8 | 12.5 | | 3.1 |
| 3カ月以上〜6カ月未満 | 20.6 | 32.4 | 23.5 | 14.7 | | 8.8 |
| 6カ月以上〜1年未満 | 15.3 | 27.9 | 13.7 | 33.3 | 8.7 | 1.1 |
| 1年以上〜2年未満 | 16.2 | 26.9 | 15.4 | 31.5 | 8.5 | 1.5 |
| 2年以上〜3年未満 | 6.7 | 13.3 | 20.0 | 33.3 | 20.0 | 6.7 |
| 3年以上 | | | 50.0 | 50.0 | | |

上のポジションをめざしたいと答えた人の割合は、育休期間が長くなるほど低下している。

**14** 今後の働き方に関して、あなた自身の考えに当てはまるものはありますか？

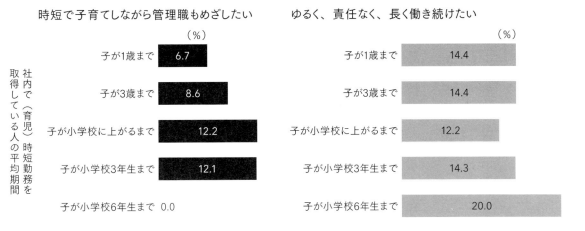

社内で（育児）時短勤務を取得している人の平均期間

時短で子育てしながら管理職もめざしたい　（%）

| | |
|---|---|
| 子が1歳まで | 6.7 |
| 子が3歳まで | 8.6 |
| 子が小学校に上がるまで | 12.2 |
| 子が小学校3年生まで | 12.1 |
| 子が小学校6年生まで | 0.0 |

ゆるく、責任なく、長く働き続けたい　（%）

| | |
|---|---|
| 子が1歳まで | 14.4 |
| 子が3歳まで | 14.4 |
| 子が小学校に上がるまで | 12.2 |
| 子が小学校3年生まで | 14.3 |
| 子が小学校6年生まで | 20.0 |

社内の時短平均期間が小6までの場合、ゆるキャリ志向の人が多いさまが見てとれる。

# これからの育休・時短＆働き方を考える

Q 日本企業で女性活躍が進まない理由について、あなた自身の考えを教えてください。

40代・50代の女性総合職にもチャンス創出の場を与えることが大切。それによって彼女たちに自信や責任感、仕事遂行能力が生まれ、女性管理職を増やすきっかけにもなると思う。（20代女性）

オールド・ボーイズ・ネットワークがいまだに続いている。女性一人が声を上げてももみ消され、インクルージョンする気がない。（40代女性）

制度を決めているのが男性だから。（30代男性）

組織が女性に対して一般職、総合職というような区分けをしていた時代の名残がある。（50代女性）

上の層が男性ばかりだから。変革しようにも、そうした状況に配慮しながらでは女性活躍はあまり進まないと思う。（20代女性）

社会的に「家事は女性が担って当然」といった考え方が根強い。そこの意識改革をせずに女性の社会進出ばかりを推しているため、結果的に女性側にのみ負担が増えていると思う。（30代女性）

女性活躍が進んでいる企業と進んでいない企業、二極化しているとの考えです。進まない理由は、評価者の能力不足と評価制度の質が低いことが原因と考えます。（50代男性）

昔ながらの「女性は家庭を守る」という考えが抜けていない。（40代男性）

40〜50代ぐらいの男性上司の場合、妻は専業主婦の場合が多く、本音では女性が働くことをあまりいいことだと思っていない。もしくは上司自身が家事育児を積極的に行ってこなかったため、共働きの肌感覚がない。（30代女性）

「男性は外で仕事、女性は内で」という認識が40代以上の方々に強く残っていて、20〜30代の考え方や働き方とギャップがあると感じる。男性管理職層は、世間の流れが「ダイバーシティ」「女性活躍」だからという理由だけで取り組んでいる感がいなめない。（20代女性）

自分とパートナーの、少なくとも2社で女性活躍の足並みがそろっていないとうまくいかないのではと思う。（30代女性）

マネジメント層の考え方・価値観が古い。職位が上がれば仕事最優先で当たり前という考え方から抜け出せていない。（50代男性）

長時間労働がよしとされているから。プライベートを優先させるライフスタイルは、仕事に対して「やる気が低い」と判断されているように思う。（40代女性）

育児の壁があることと、女性自身が責任ある業務を敬遠していることが原因だと感じる。（40代男性）

男社会が当たり前の世代がまだまだ会社に多くいるため。男女比率50％にするというような強制力を働かせないと、女性活躍はあと数十年は進まないと思う。（40代女性）

## 入社当時の意欲が環境で「冷却化」することも

日本で女性活躍がなかなか進まないのはなぜなのか。その理由を尋ねたところ、企業で働く人々からは左ページのようなさまざまな回答が寄せられた。「妻が専業主婦の男性上司が多く共働きの感覚を理解できていない」など古い男性OSに苦言を呈する意見もあれば、「長時間労働ができないとやる気が低いと判断される」のように働き方や評価制度を疑問視する声も。「女性自身が責任ある業務を敬遠している」と、女性の意識の問題とする意見もあった。

「入社当時は意欲があっても、職場環境によってそれがだんだんと冷却化してしまう女性は少なくありません。育休・時短制度を上限一杯まで取得するのが当たり前になっているような企業では、取得者は管理職をめざす意識は持ちにくいでしょう。どんなに優秀な人でも、時短勤務が10年以上にもなれば意欲も能力も衰えてしまいがち。

企業には、そうした事態を防ぐ工夫をしてほしいですね」(白河さん)

## 「ゆるく働きながら両立」から真の活躍に向けて

企業の成長や本人の経験値向上のためには、育休・時短からの早期復帰が望ましい。だが、今回の調査結果からは、昭和的な風土や働き方が復帰を阻害しているさまも見てとれた。制度を手厚くするだけでは、ゆるく働きながら両立はできても真の活躍にはつながりにくいようだ。今後は風土改革や働き方改革と同時に、ライフイベント前のキャリア研修など、育休・時短取得者の戦力化を進める取り組みも必要だろう。

「女性活躍というと女性だけを特別扱いしようとする企業がまだ少なくありません。でも、育休や時短は今後女性だけのものではなくなっていきます。社員全員がライフイベント後も意欲を失うことなく柔軟な働き方をして能力を発揮できる。それがめざすべきゴールだと思います」(白河さん) **w**

---

| Point |
| :--- |

早くフルタイム復帰したほうが
自分のキャリアのためになる──。
女性がそう思える環境づくりが重要です。

(白河さん)

女性が昇進したくなる企業はどこが違うか

# 御社のダイバーシティ施策、ここが間違っています！

仕事と育児の両立支援制度は普及したものの、
日本企業の女性管理職比率は平均9.4％と相変わらず低いまま。
上昇を加速させるために、今、企業が打つべき施策とは――。

佐藤博樹
×
白河桃子

スペシャル
対談

――日本企業における女性活躍の現状と課題をお聞かせください。

**佐藤** 今後は多様な人材を活用していく必要があるため女性活躍を進めなければ、というところまでは企業の理解が進んできたと思います。でも残念ながら、両立支援はできているものの、活躍支援にまで取り組んでいる企業はまだ少ないですね。

**白河** 日本では、女性活躍というと女性だけを応援しようとする企業が多いですね。これは男性も含めた社内全体の課題ですし、女性だけ両立支援を手厚くするほど活躍が遠のくことも。

**佐藤** 本来、ダイバーシティ経営を実現するには、多様な人材の獲得に加えて、パーパスの共有、働き方・人事制度改革、管理

職の部下マネジメントの改革、多様性を尊重する職場づくりの5つをセットで行う必要があります。さらに、個々人が多様な価値観を受容できる「個人内多様性」を実現することも大事です。特に男性は会社での役割しか担ってこなかった人が多いため、企業は仕事以外に使える時間を増やし、誰もが仕事以外の場で多様な経験をできるようにすべきだと思います。

**白河** 同感です。男性は同質性の高い環境で生きてきた人が多いですよね。育休も多様な経験のひとつですから、私はいつも「男性育休の目的は男性を多様性の一部にすることだ」と言っているんですが、なかなか理解してもらえなくて。

**佐藤** 社員それぞれの「個人内多様性」が

対談者

東京大学名誉教授
**佐藤博樹**さん

## 「両立」から「活躍」へ前進するための施策を

Text=辻村洋子　Photograph=田子芙蓉

実現できないと、企業全体としての多様性を尊重する風土もつくれません。多様性尊重職場風土こそが、多様な社員が「自分は活躍できている」という実感につながるものなので、ダイバーシティ経営をめざすなら絶対に取り組まなくてはいけない。そうした取り組みをしている企業を見ると、ダイバーシティ経営の成果が出るまでには少なくとも3年はかかっています。

**白河** 働き方改革も同じです。大和証券は2007年にトップダウンで19時前退社を導入しましたが、それが社内に浸透するには5年かかったそうです。

**佐藤** ダイバーシティ推進の担当者は、取り組み開始から1年ほどで上層部から成果を問われることが多いわけですが、「どこの企業も成果が出るまで少なくとも3年はかかっていますよ」と言って、1年であきらめないようにしてほしいですね。

**──育休・短時間（時短）勤務制度が手厚いと、女性活躍にどう影響しますか？**

**佐藤** 企業や社員は、両立支援制度をあくまでもセーフティーネットとして考えるべきで、本来はフルタイム勤務でも無理なく両立できる職場環境の実現が望ましいですね。そうした環境がないと、企業は両立支

## ＼ 5つをセットで考える ／
# ダイバーシティ経営に必要なこと

**1 多様な考え方の人材を集める**
「異なる人々が異なる意見を交わしてこそ新しいものが生まれる」という考え方が重要に。

**2 ビジョンやパーパスの共有**
多様な人々をまとめるために、企業の存在意義を全員で共有する「パーパス経営」を徹底。

**3 働き方＆人事制度改革**
多様な働き方を受容できるよう働き方改革を行い、学歴別年次管理のような人事制度も改革を。

**4 マネジメント改革**
管理職登用基準を改め、多様な部下をマネジメントできる人材を登用できるようにする。

**5 「多様性尊重職場」をつくる**
心理的安全性を高め、安心して周囲と違う意見を言ったり違う働き方をしたりできる環境を。

援制度を充実させ、社員はその制度を利用可能な期間まで活用することになります。両立支援制度を長く利用する社員は、業務経験が減るだけでなく、次第に子ども優先の生活を志向しがちになってしまいます。働き方改革を優先し、社員が早くフルタイム勤務に復帰して仕事と子育てを両立しながら働けるような環境整備が必要ですね。

**白河** 今は当初の想定よりはるかに多くの人が取得するようになって、周囲へのシワ寄せも大きくなっています。育休・時短取得者の周囲で働く人の2割が不公平感を、

# 両立支援を手厚くするほどマミートラックに

**対談者**

相模女子大学
大学院特任教授
ジャーナリスト
**白河桃子**さん

## 時短勤務が長引くほど
## 家事育児が「妻の仕事」に
──白河桃子さん

３割が負担感を覚えています。「配慮」や「お互いさま」で済む時期はもう過ぎたのですから会社側が何かしなくては。両立支援制度利用者の業務をサポートする人に報酬などを与える企業も出始めています。

**佐藤** ノーワーク・ノーペイの原則で、育休・時短取得者は休業分や時短分の給与がカットされるため、企業としてはその分の人件費が浮くわけです。その浮いた分で業務を引き継いだ人をボーナスで評価したり、有期契約社員や派遣社員を代替要員として活用したりすべきですね。本当は労働投入量の減少に連動して業務量を削減すればいいのですが、大多数の企業はそうしていません。育休取得者などが出た職場では、結局は減少したままの人数で仕事を回すことになり、同僚の業務負荷が増えるだけになってしまう。これは時短勤務でも同じです。

## 時短に入る前に
## 「仕事が面白い」と思える経験を

──政府が検討中の、時短勤務者への現金給付制度についてはどうでしょうか。

**佐藤** 現状、育休取得者には子が２歳までは育児休業給付金が出る仕組みがあるので、例えば育休を１歳まで取得して時短勤務で復帰した場合に２歳までは時短による給与減少分を補填する仕組みなら、導入を検討する余地があると思います。でも、法定の時短勤務をさらに延ばし、同時に給与の削減分も補填することにすると、時短勤務を長くとったほうが得だと考える人が増えかねないですね。

**白河** 日本の女性は出産で収入の６、７割を失うそうですから、そこを補填するという考え方はあっていいと思います。でも、これで時短勤務を長くとる女性が増えたら男性はますます家事育児をしなくなりますよ。育休も含めて、夫婦ともに取得しないと保障が消滅する設計にしてほしいです。

**佐藤** 時短勤務が長くなると、本人のキャリアや職場の同僚にマイナスの影響が出ます。本来、時短勤務はフルタイムに戻ることを前提とした制度なので、あまりにも長期間利用する人が多い場合には、処遇のありかたなどを見直すべきでしょう。他方で、女性社員が結婚や出産前に、今の仕事に対して「面白い」「続けたい」と思えるような経験をしていないと、出産後に早期復帰する意欲も出ません。20代前半でそうした経験ができるようにすべきだと思います。

──**男性育休や男女賃金格差の開示義務化**

# 女性の能力を生かせる余地が
# 日本にはまだたくさんある

――佐藤博樹さん

は、女性活躍に効果があるのでしょうか。

**白河** 男性育休はただ取得させるだけではなく、事前に研修を行うなどして「これから2人で育児するんだ」という意識を持たせることが大事です。そうすれば女性活躍につながるでしょう。現状では日本人女性の家事育児時間は男性の約5倍。これで活躍しろと言われても無理だと思います。賃金格差については、日本人女性の賃金は男性の75％ほどだといわれていますね。

**佐藤** 賃金格差の原因は勤続年数と管理職比率に男女差があるためで、これは既存の研究で明らかにされています。企業は、自社がこの2つの要因に男女差がある場合、原因を分析し、改善のための取り組みを考えてほしいです。22年7月に施行された賃金格差の開示義務化は、原因分析や改善への取り組みを企業に促すという点でいい施策だと思います。

**白河** 海外では、賃金格差はジェンダー平等を達成するうえで最も重要な指標です。現状、格差が少ないところでも賃金の男女比は100対87ぐらいで、これを100対100にするのが目標なんですね。それには7世代ぐらいかかるといわれていますが、日本ではもっとかかりそうです。

## 男女賃金格差は
## 人的資本経営のバロメーター

**佐藤** 逆に言えば、日本では女性の能力を生かせる余地がまだまだあるということです。現状、女性の能力を企業が生かしきれていないから賃金格差があるわけで、企業は「女性にも男性と同じように活躍してもらえるようにしよう」という方向で考えるべきです。

**白河** その意味では賃金格差は人的資本経営の指標になりますね。開示されたら、その企業が人を資本としてどれだけ活用できているかがわかります。労働人口の減少が進む中、人類の半分を占める女性を活用できない企業は今後優秀な人材を確保できなくなる。将来、どんな人材で事業展開していきたいのかしっかり考えて、その実現に向けた取り組みを今すぐ始めるべきです。

**佐藤** 一方で、働く女性は自らのキャリアをどうしていきたいのかを考えて、出産や育児との両立についてはパートナーとも話し合ってみてほしい。育休や時短勤務制度をどう使うかは人それぞれなので、まずは自分で、自分が望むキャリアを考えてみることが大事だと思います。 **w**

# プレジデント総合研究所
## 研修・教育プログラムのご案内

プレジデント総合研究所が本格稼働してから8カ月。「プレジデント ウーマン」が
現場で培った知見から生まれた研修・教育プログラムが続々誕生しています！

これまでビジネスリーダーが直面する問題に向き合ってきたプレジデント社が、豊富な独自調査、実証データによって経営課題の解決策を導き出し、時代に合った次世代人材開発のサポートをしていく目的で立ち上がった「プレジデント総合研究所」プロジェクト。発足後、多くの企業から問い合わせをいただいていますが、現時点で2つの研修・教育プログラムがローンチし、すでに複数の企業様に採用していただいております。

2つのうちひとつは「女性活躍関連研修第一弾」と銘打った「次世代インクルーシブリーダー養成プログラム」で、これは上司（管理職）向けの研修です。若手女性社員の成長加速のカギを握る上司を対象に、ア

ンコンシャス・バイアスを本人に自覚させ（気づかせ）、成長支援のための行動を促すためのプログラムです。

もうひとつは「若手社員向け キャリアデザイン研修」。こちらは男女を問わず、新時代を切り拓く若手社員の意識改革と成長の促進をめざすプログラムとなっています。ともに、詳細は右ページをご覧ください。

### 多彩な登壇者による講演が人気

ダイバーシティのみならず次世代人材育成も視野に入れて活動内容を拡大した「人事・ダイバーシティの会」ではほぼ月1回の「研究会」を開催中。企業役員から研究者まで多彩な登壇者による講演が人気です。ぜひこの機会に入会をご検討ください。

### 人事・ダイバーシティの会 入会のご案内

本会は「プレジデント ウーマン」から発足し、現在大企業を中心に約170社、人事、ダイバーシティ担当者の方にご入会いただいております。月1回程度のペースで開催している「研究会」は、登壇者の講演後に、参加者（視聴者）同士による講演テーマについての討論会などを行い、情報収集や意見交換、お互いの学びを深める場にもなっています。また、会員の声に耳を傾けることで、組織の中の女性登用を阻む真の原因を探り、その問題解決に直結するさまざまな提案をしていくことも、活動の趣旨としております。
一緒に、"女性リーダーが特別ではない社会"を実現させましょう！
プレジデント ウーマン編集長 **木下明子**

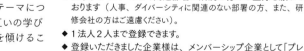

**人事・ダイバーシティの会ご登録について**

◆ 登録は無料です。

◆ 人事、ダイバーシティ関連部署に所属の方のご登録を願っております（人事、ダイバーシティに関連のない部署の方、また、研修会社の方はご遠慮ください）。

◆ 1法人2人まで登録できます。

◆ 登録いただきました企業様は、メンバーシップ企業として「プレジデント ウーマン」「プレジデント」、各オンライン媒体に御社名を掲載させていただくことがあります。

詳しくはプレジデント総合研究所の
ウェブサイトをご覧ください。
https://president.jp/pts/presidentresearchinstitute/

ご入会はこちらから！

女性活躍
関連研修
第一弾

女性部下の成長を加速させ、意識を向上させる

# 次世代インクルーシブリーダー養成プログラム

若手女性社員の成長加速のカギを握る上司（管理職）を対象に、アンコンシャス・バイアスを本人に自覚させ（気づかせ）、成長支援のための行動を促すためのプログラムです。

**導入**

経営学から学ぶ「ダイバーシティ＆インクルージョン」（動画講義）

講師 入山章栄氏
早稲田大学大学院
経営管理研究科教授

- イノベーションを創出するダイバーシティ
- 女性社員の成長支援の必要性
- 求められる管理職の役割と行動

**意識変革**

【講義・ワーク①】 自己の強み・弱みについて理解する

- 管理職としての自己の強み・弱みを理解し、リーダーシップを磨く

[ワーク] CQ Finder診断　グループディスカッション

【講義・ワーク②】
アンコンシャス・バイアスへの「気づき」と「行動」

- 無意識の思い込みを自覚し、行動変革のヒントを見出す

[ワーク] アンコンシャス・バイアス テスト　グループディスカッション

**行動計画**

【講義・ワーク③】 成長加速のためのプラン策定

- 成長支援のための具体的行動（対話・指導・支援）
- インクルーシブリーダーとしてのチームマネジメントと人材育成

[ワーク] ケーススタディー　若手社員の成長加速プランの策定

独自開発テスト①
**CQ Finder診断**

120の設問に答えることで自身のパーソナリティ傾向と、リーダーとしての強み、弱みを診断できるテスト。回答内容によって、「ムードメーカー型」「指導型」「慎重型」など8つのタイプに診断され、解説と分析図が共に表示される。

独自開発テスト②
**アンコンシャス・バイアス テスト**

設問に答えることで女性部下に対する上司の無意識の思い込み（アンコンシャス・バイアス）をあぶり出し、それを本人に自覚させる診断テスト。回答内容によって「現状固着型」「集団同調型」「哀れみ型」など5つのタイプに分類される。

※講義はプレジデント総合研究所認定講師が担当させていただきます。プログラム内容は変更される可能性がありますのでご了承ください。

新時代を切り拓く若手社員の意識改革と成長の促進をめざす

# 若手社員向け キャリアデザイン研修

新時代を切り拓く若手社員の意識改革と成長の促進をめざす3部構成のプログラムです。座学だけでなく、グループワークや診断テストを各講義で採用し、1年間の研修期間に継続的な刺激で新たな気づきを促します。

**次世代リーダー**

研修期間は1年間、①キックオフ研修（1回）、②定期オンライン講演会（年4回）、③能力開発マンスリー講座（年11回）の3部構成の研修プログラムです。

※これまで「プレジデント ウーマン」をはじめ、プレジデント社が多くのビジネスパーソンに発信してきたコンテンツを本研修で一部採用しています。

顕在的

**継続的なチャレンジによる能力の発揮**

| | | |
|---|---|---|
| 行動 | | |
| 知識・スキル | 次世代リーダーに必要な知識・スキルの習得 | ❸ 能力開発マンスリー講座（年11回） |
| マインドセット | 成長へのマインドセット | ❷ 定期オンライン講演会（3カ月ごと） |
| 個人特性・資質 | 自己認知による成長への基盤形成 | ❶ キックオフ研修（1日） |

潜在的

**お問い合わせはこちらまで！**

プレジデント総合研究所では、人事・ダイバーシティの会会員の皆さまが抱える問題点やお悩みなどを共有し、それらを解決するための研修や教育プログラムを皆さまと一緒につくっていきたいと考えています。お気軽にお問い合わせください。

プレジデント総合研究所
担当：池田、久慈、山崎、名越
hrd@president.co.jp

表紙
ジャケット（スカーフ付）50万4900円、
ベスト（スカーフ付）30万2500円、パン
ツ16万7200円／すべてブルネロ クチ
ネリ（ブルネロ クチネリ ジャパン）
シングルピアス［キャトル ラディアント
シングル］28万6000円、ペンダントネッ
クレス［キャトル ダブルホワイト ラー
ジ／ＷＧ×ダイヤモンド×ホワイトセラ
ミック］67万6500円、リング（指先か
ら）［キャトル ホワイト ダイヤモンド ハー
フ／ＷＧ×ＰＧ×ダイヤモンド×ホワ
イトセラミック］67万1000円、リング
［キャトル ダブルホワイト ハーフ／
ＷＧ×ダイヤモンド×ホワイトセラミッ
ク］28万3800円、時計［リフレ ウォッ
チ スティール スモール／ステンレスス
ティール］51万7000円／すべてブシュ
ロン（ブシュロン クライアントサービス）
※表示価格はすべて税込みです。

QRコードは
コチラ！

## BRAND LIST （衣装協力）

| | |
|---|---|
| ヴァジック（ヴァジックジャパン） | 03-6447-0357 |
| SANYO SHOKAI カスタマーサポート（ポール・スチュアート） | 0120-340-460 |
| ソージュ オンラインストア カスタマーサポート（ソージュ） | 0570-076-096 |
| ブシュロン クライアントサービス（ブシュロン） | 0120-230-441 |
| ブルネロ クチネリ ジャパン（ブルネロ クチネリ） | 03-5276-7080 |
| マリハ | 03-6459-2572 |
| ロランス（ザ・グランドインク） | 03-6712-6062 |

## SHOP

プレジデント ウーマン ストア（コラボ商品）　　https://presidentwoman.com

PRESIDENT WOMAN *premier*

商品が変わる、企業が変わる！

# 「女性目線」の
# マーケティング
# 入門

2023年4月28日　第1刷発行

編　著　プレジデント ウーマン編集部
発行者　鈴木勝彦
発行所　株式会社プレジデント社
　　　　〒102-8641　東京都千代田区平河町 2-16-1
　　　　　　　　　　平河町森タワー 13階
　　　　https://president.jp
　　　　https://presidentstore.jp
　　　　TEL：編集 03-3237-3738
　　　　　　　販売 03-3237-3731

COVER
Photograph＝浅井佳代子
Styling＝小倉真希
Hair& Make-up＝三澤公幸
Model＝立野リカ

デザイン＆レイアウト　ohmae-d
校　正　　ヴェリタ
販　売　　桂木栄一　高橋徹　川井田美景　森田巌　末吉秀樹　花坂稔
制　作　　坂本優美子
印刷・製本　凸版印刷株式会社